スポーツの世界を学ぶ

―スポーツ健康科学入門―

〈増補・改訂版〉

「スポーツの世界を学ぶ」
編集委員会

流通経済大学出版会

はじめに

　本著は2013年4月に，流通経済大学スポーツ健康科学部の学生用テキストとして初めて刊行された。スポーツの多岐にわたる学問領域を網羅し，初学者向けに平易に表した専門書が当時あまりなかったこともあり，好評を博したことに執筆者一同幸いに思っている。同時に，多くの方々から激励や建設的なご批判をいただいたことに感謝申し上げたい。そして，なにより最も活用してくれた学生諸君に心から感謝したい。

　旧版の出版から4年が経過し，ここに改訂版が刊行されることになった。改訂版が出版される2017年は，2020年東京オリンピック開催を控え，スポーツ界がこれまでにないほどの活気をみせている。日本におけるスポーツへの関心の高まりと，それと同時に噴出する課題は，旧版当時には想像すらしていなかったと思われる問題も含まれている。日本のスポーツ界が大きく変革するこの時期に，改訂版を刊行できることは我々にとっても非常に幸運なことであり，またこれからスポーツを学ぼうとする学生にとっても有意義な内容になることであろう。

　先にも述べたが，本書は大学でスポーツ科学を学ぶ学生など，はじめてスポーツを学ぶ読者を想定して作られている。そのため平易な言葉を使用し，わかりやすい説明を心掛けた。本書全体の構成は，最初にコーチング領域，次に医学的領域，そしてトレーニング論領域，スポーツ社会科学領域と続いており，読者に前後で関連するスポーツ科学が把握できるようにした。各章の構成は「はじめに」でこの学問で何を学ぶのかについて説明し，続いで基礎研究と発展的研究の方向性，スポーツ現場での活用などを紹介している。改訂版には新たに「健康教育学」「スポーツ救急教育」「スポーツ栄養学」「メディアスポーツ学」「スポーツコミュニケーション」の領域を加えた。さらに「スポーツ教育学」の領域を深化させた「体育科教育学」も加え，要望の多かった学校現場での体育・スポーツの課題についてより理解の促進を図った。

総勢18名による執筆者より構成されることになったが，いずれも流通経済大学誇る教員たちであり，それぞれが専門的立場から最先端の知見に基づいて述べている。本書を手にしてくれた学生諸君が学問的な知識を深めてほしいことはもちろんであるが，我々がもっとも望むことは，本書が君たちの踏み出すべき将来への「みちしるべ」になることだということを覚えておいてほしい。

　最後に，本書を編集するにあたり，年末年始の大変お忙しい中，多大なるご尽力をいただいた教員諸氏，そして本書を出版するにあたり，丁寧にご対応いただいた流通経済大学出版会の齊藤哲三郎氏，長友真美氏に心から感謝申し上げる。

　2017年　元旦

編　者　鈴木麻里子

目　次

はじめに………………………………………………………………… iii

コーチングを学ぶ ………………………………………………… 1

スポーツ医学を学ぶ ………………………………………………13

健康スポーツを学ぶ ………………………………………………23

健康教育学を学ぶ …………………………………………………33

スポーツ救急教育を学ぶ …………………………………………41

アスレティックトレーニングを学ぶ …………………………51

スポーツバイオメカニクスを学ぶ ……………………………57

スポーツ栄養学を学ぶ ……………………………………………67

スポーツ人類学を学ぶ ……………………………………………79

スポーツ教育学を学ぶ ……………………………………………91

体育科教育学を学ぶ ………………………………………………97

スポーツ政策を学ぶ ……………………………………………… 105

スポーツマネジメントを学ぶ…………………………………… 115

スポーツ情報戦略を学ぶ ………………………………………… 123

メディアスポーツを学ぶ ………………………………………… 133

スポーツとコミュニケーションを学ぶ ……………………… 147

索引……………………………………………………………………… 157

コーチングを学ぶ

上野　裕一・亀山　厳・黒岩　純

1. コーチングとは

　「コーチ（Coach）」という言葉は，ハンガリーのコーチェ（Kocs）という村で作られた「四輪馬車」が語源だと言われている。四輪馬車をコーチと呼ぶが，19世紀には「受験指導のために雇われた家庭教師」を，スポーツの分野では「競技会，特にボートレースにおいて選手を訓練する者をコーチと呼ぶようになった。

　歴史を遡れば，スポーツや競争が誕生してから，それを教えるものが存在したことは想像に難くない。15世紀には貴族の子弟にポーム（テニスの原型）や乗馬などそれぞれのスポーツを教える専門の運動師範が存在した。運動師範は，その後ヨーロッパ各地に出来る騎士学校で乗馬や剣術などの指導も行った。

《著者紹介》

略　歴（上野）
1980年　日本体育大学体育学部入学
1984年　日本体育大学体育学部卒業
1986年　日本体育大学体育学修士課程修了（体育学修士）
1990年　流通経済大学専任講師，同大ラグビー部監督就任
2005年　同大学スポーツ健康科学部教授
2009年　弘前大学大学院医学研究科博士課程入学
2013年　弘前大学大学院医学研究科博士課程修了（医学博士）
2015年　流通経済大学スポーツ健康科学部教授

主要業績
『ラグビーフットボール』（日体大Ｖシリーズ）（叢文社，1998年）
『ラグビーを観に行こう！』（叢文社，2000年）
『ラグビーを観に行こう！（改訂版）』（叢文社，2003年）
『ラグビーのちから―モラル・エージェントからスキル・コーチングまで』）（叢文社，2007年）
『ラグビー・フォー・オール―日本がひとつになるとき』（叢文社，2011年）
『ラグビー観戦メソッド３つの遊びでスッキリわかる』（叢文社，2015年）
共著『ラグビーが育てるかしこいからだ』（叢文社，2007年）
共著『楕円の学び―より良い指導者の育成を目指して』（叢文社，

図１　四輪馬車　　図２　剣術の指導書より

2010年）
共著『周辺教科の逆襲』（叢文社，2012年）

一般社団法人 ジャパン・エス・アール 代表理事会長
ワールドラグビー マスタートレーナー
総合型地域クラブNPO法人クラブドラゴンズ 代表理事（理事長）

担当科目
コーチング論
ラグビー

略　歴（亀山）
1990年　筑波大学体育専門学群卒業（体育学専攻）
2001年　筑波大学体育研究科卒業（コーチ学専攻）
マイカルベアーズ（アメリカンフットボール実業団），さくら銀行ダイノスS&C，筑波大学コーチ，流通経済大学コーチを経て現在監督

担当科目
アメリカンフットボール
球技コーチング
スポーツトレーニング論
スポーツトレーニング実習
スポーツ運動学

略　歴（黒岩）
1986年　日本体育大学体育学部体育学科卒業
1992年　日本体育大学大学院体育学研究科修了
1992年　関東学院大学（～2005年）
2005年　流通経済大学（現在に至る）

主要業績
JOC委員会専任コーチングディレクター（2010～2011）
JRFU女子日本代表15人制コーチ（2004～）

　また運動師範は，スポーツ技術を体系化するとともに，わかりやすく技術の内容を解説し，具体的な指導・助言を通して技術の習得をさせるための指導方法の研究を行い，その成果を「スポーツ書」として教本化していた．

　現在のコーチング論においてはコーチの本来的役割を明確にする意図で，先述したコーチの語源にコーチングの定義を見出そうとしている．コーチは「何らかの目的をもった人をその目的地（目標）まで確実に送り届ける」役割を担っているものであり，スポーツにおいても「プレーヤーの目的を尊重し，その目的達成のために最大限の尽力を行うこと」がコーチの役割であるとしている．一斉指導をイメージさせる「教える」「指導する」という意味での「ティーチング」と対比させ，「コーチング」は「アウトプット（引き出す）」であると強調し，指導内容や方法を個別にアプローチし，「プレーヤーの可能性，能力，やる気などを引き出すこと」と意味づけている．

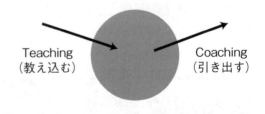

図3　対照的な指導法

2．コーチング研究の現状

　日本では，1968年日本体育学会体育方法専門分科会，1988年日本スポーツ方法学会が設立され，指導に関する研究分野が確立された。実践的な指導方法の探求を目指して，スポーツの種目別における技術・戦術，体力や心理などに関する研究が多く行なわれてきた。またコーチングに関する書籍も「陸上競技コーチング」とか「サッカーコーチング」など，競技別にまとめられている。本学のスポーツ健康科学研究科においてもコーチング領域の研究題目は「ラグビーにおけるタックルフォームの検討とその有効性について」，「2001サッカーJ1リーグにおけるゴールに関する一考察」，「女子ラグビーフットボール選手におけるキッキング技術に関する研究」，「コーナーキックの戦術分析に関する一考察」と種目ごとの技術・戦術に関する研究である。このように，スポーツ競技ごとの研究がほとんどであり，コーチングそのものに関する研究が少ないという指摘があり，その傾向は現在まで続いている。そこにはスポーツ種目の多さ，その異なった構造，選手の特性（身体，性格，教育的背景，競技経験，技術レベルなど）やコーチングを取り囲む環境条件，コーチ自身の独特の感性といった事柄という問題がある。しかし，競技ごとの特性はあるものの，普遍的な指導の法則，原則の共通性，規律性などから一般論や体系化などの構築が現在も共通の課題とされている。（黒岩）

JRFU女子日本代表7人制コーチ（2008〜2010）
「ラグビーのちから」叢文社（2009）共著
「ELVがゲームに及ぼす影響」流通経済大学スポーツ健康科学部紀要（2009）
「JWC2009におけるトライ・攻防・戦術構造」ラグビー科学研究（2010）

担当科目
ラグビー
ラグビーコーチング
スポーツコーチング論

3．コーチに必要な資質と能力

　コーチングを実践するにあたっては，事実や根拠それに科学をベースにした Evidence based coaching，あるいは Science based coaching が重要である。コーチがコーチ自身や選手の感覚，感情，経験等と葛藤しながらも，科学によって導かれた原理原則に則して，客観的にコーチングを遂行することにより，その成果を高めることができる。

　図4は運動能力や体力の年間発達量の年齢別の変化を示したものである。この図からは9歳前後が神経系の発達がほぼ完成に近づいていることがわかる。つまりこの時期は，動きの巧みさを身につけるのに最も適しているといえる。この時期は一生に一度だけ訪れる，あらゆる物事を短時間で覚えることのできる「即座の習得」を備えた時期 "Golden Age" とよばれている。逆にこの時期は筋力トレーニングなどには適しておらず，発育発達の知識をもとに練習計画を立てることはコーチングに役立つことがわかる。

　従って，コーチは指導するスポーツ種目の技術や戦術などの専門的な知識のみならず様々な領域に関する知識が必要といえる。　身体運動を理解するために機能解剖学，スポーツ生理学，スポーツバイオメカニクス，スポーツ心理学などの基礎的なスポーツ科学の知識，さらにスポーツ医学，スポーツ運動学，体力学，トレーニング学など応用的なスポーツ科学分野の知識も必要となる。また自らのコーチング哲学を築くためにはスポーツ哲学やスポーツ人類学，そして指導という観点からは教育学，チーム運

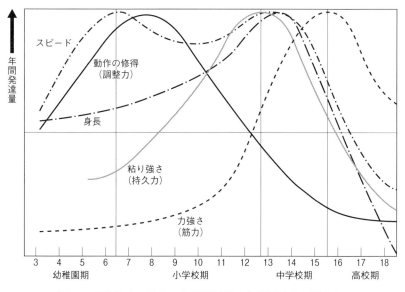

図4 運動能力・体力の年間発達量の年齢別変化（男子）

営のためにはスポーツマネジメント，スポーツ政策などの知識が必要になる。加えてコーチ自らの人間力を向上させるためには一般教養の知識はもちろん，英語（語学力）やコミュニケーション，ITを利用した情報処理などの知識も必要であろう。

またコーチが持つべき資質として，上述の知識に加えて，コミュニケーションスキルや誠実さ情熱などの態度や心構えなどが必要である。コーチングプロセスに沿っての練習計画や年間計画を立案できる能力，学習促進させる能力，プレーヤーから引き出すための質問や傾聴ができる能力，分かり易く説明できる能力，状況を判断しフィードバックできる能力，プレーヤーを正当に評価できる能力などがあろう。またコーチ中心ではなくて選手を中心とする態度など，公平かつ客観的，支援的，有効的，革新的で思いやりがありオープンマインドでプレーヤー

と接せられるなどの心構えも必要とされる。（黒岩）

　前述の広範囲に及ぶ知識や態度，能力が要求されるコーチングは，いかに多角的でダイナミックな活動であるか理解されよう。単に選手の特定のパフォーマンスを向上させることから人格の陶冶までに影響を及ぼし，或いは組織や関係する環境の改善や発展にまで関わり，経験を重ねながら仕事や生活それ以外の同僚コーチや周囲の人たちとの関わりの中で，教え合いながらコーチとしての資質や能力が獲得される。

　この広範多岐に及ぶコーチングを国際的なコーチング組織"International Council for Coaching Excellence (ICCE)"らは次のように整理している。

　コーチの行動の原点となる「価値観」「指導理念・コーチング哲学」に支えられ，「専門的な競技の知識」そして「自分自身」と「対人関係（周囲や環境との連携）」を備えるべきコーチの3領域の知識としている。（表1）

表1　コーチングの知識領域

専門的な知識とその教え方	特定のスポーツ アスリート スポーツ科学 コーチング理論と方法論 基盤となる技能
対人関係の知識 （感情，理性，人との繋がり）	周囲や社会状況（環境） 連携や協力関係
自分自身の知識 （経験，気づき，省みる力）	コーチング哲学 学び続ける姿勢

International Sport Coaching Framework より

そして，子どもから大人，初心者から飽くなきパフォーマンス向上に挑戦するアスリートまでのすべてを対象に，共通したコーチングの6つの主要な役割を提示している。（図5）

1）ビジョンと戦略を設定する

コーチは大局を把握し，選手のニーズを分析する。そして、発育発達段階や組織的および社会的状況に基づいてプログラムのビジョンと戦略を作成する。

2）環境づくり

コーチングスタッフ，選手を確保し，特定の期間の計画を立てる責任がある。他のコーチやサポート担当者との連携，人事，施設，資源など関係する環

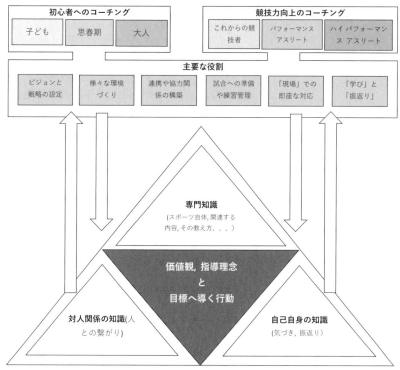

International Sport Coaching Framework より

図5　コーチングに必要な資質と能力

境全体を最大限に活かす。またその目標や課題の進捗状況を管理する。

３）協力連携の構築

選手だけでなく，クラブ，学校，連盟やプログラムに関連する関係者との積極的な連携を構築する。責務に貢献し組織や人に影響を及ぼすとともに，関わる人とは敬意を持った関係を築く。

４）競技(試合)の準備・運営と練習の実践

試合に向けて練習計画を立て，指導の実践に当たる。有効なデモンストレーションや選手や環境の観察，指導のフィードバックといったコーチング行動を駆使して，より効果的で，選手が適切に挑戦できる状況を設定して試合への準備を行う。

５）現場での即座な対応

選手のパフォーマスや状況，環境をよく観察して調整や判断を行う。指導現場はもちろん，フィールドを離れても，あらゆる出来事や問題を見通して適宜適切に対応する。この判断や決断はコーチの責務を果たすために不可欠であり，上級コーチに至るまでどのレベルにおいても磨かれる必要がある。

６）学びと振返り

コーチはプログラム全体を評価し，これまでの練習や試合を振り返る。この評価と反省が，これからの指導や充実した専門分野の成果を支える具体的な力となる。また、同時に同僚や他のコーチらを育成するサポートとなる。この振返りから新たなチャレンジを創造していく。(亀山)

4．メタ・コーチングのすすめ

　指導者はいつも孤独になりがちである。プロのような高水準に身を置く指導者は，結果が全てでその責任は一人で取らなければならない時もある。それとは逆に，好成績を残せば，その指導は高く評価され，賞揚され，高額の報酬を得るということもある。デメリットもメリットも極端であるが，一般的には指導者という存在は，多かれ少なかれ孤立しやすいという側面があることは否めない。とは言っても，選手やチームを指導するという現場指導という観点から言えば，指導者が孤立してしまうことは，決して良いことではないことは自明である。

　指導者が一人になってしまった場合の問題点を少し考えてみることにしよう。

1）指導者は自らの指導について，それが正しいのか，間違っているのかはどうやって判断するのだろう。

2）選手やチームのパフォーマンスが上がっていれば良いが，下がってしまった時に一体どこに問題があるのか？

3）自らの指導をどうやって分析，評価するのか？自分で評価するのか？他者に評価をお願いするのか？

4）自らの指導をどうやって改善していくのか？改善する場合，どのように基準に則ってするのか？

5）しっかりとレビューできたとして，そのことを踏まえ，どのように再計画していくのか？

メタ・コーチングという考え方は，指導者は常に誰かから見られている環境にあり，他者によって指導され，学びを共有できる空間に置かれるということである。つまり，指導者を一人にしないということである。メタ・コーチングという考え方は，コーチングをしっかりマネージメントするという考え方でもある。一人の指導者に対して，必ず俯瞰（メタの）視点を持った人をその指導現場に介在させるということである。指導現場に介在し指導者を見続ける指導者はつまり指導の内容をしっかり観察し，分析し，レビューしたのちに再計画までの案内をする役割がある。もちろん，その先にある選手やチームをも射程に置いていなければならない。

　それでは現場指導者に対して示唆を与える指導者を置いたとすると，一体その指導者の指導はどのようにするのであろうか，という新たな疑問が生じる。そこで，このメタ・コーチングという考え方には，さらにもう一つ上の層の視座にたって観察，分析，レビュー，再計画を担う人の存在も必要になることも付け加えなければならない。それは現場指導者に示唆を与える指導者に対し，さらにその上から示唆を与える人である。こういったカスケード方式の指導者育成論については著述とコーチング授業の中で詳述していこう。

　学びとはまさに人と人との縦・横・斜めの関係性の中で深化すると思う。縦とはまさに上下の関係性であり，横とは同じ仲間たち，斜めとはいわゆる他・多領域からのアドバイスのようなことである。何れにしても，どの方向性からのアプローチが欠けても，事足りたとはいえない。そのくらい，人や人

の技能を育てるプロセスというのは複雑で，労力の
かかるものなのである。

　指導者は幼い選手やチームの前に出ると，絶対無
二の存在になりうる。ではその存在は神か？指導現
場で勝利し続ける指導者が神格化されることがある。
しかしながら，スポーツ指導の現場に神は存在しな
い。むしろ，神格化される指導者こそ，その指導者
にメタの視点から示唆を与える存在が常に存在する
ことを忘れてはならない。選手たちから崇め立てら
れる存在になったときこそ，指導者は自らの位置に
気づかなければならない。そのためには，指導者は
自らの指導力を過信せず謙虚な気持ちで，常に学び
続ける姿勢を持ち続けることである。

　本著は流通経済大学スポーツ健康科学部に所属す
るコーチング領域の教員であり研究者の手により練
り上げられた教本である。実践現場で高度な実績を
残した指導者が，ワールドラグビーの指導者養成
で得た知見をもとに指導者の育成法を論じている。
（上野）

参考文献

International Council for Coaching Excellence, Association
　　of Summer Olympic International Federations,
　　Leeds Metropolitan University, International Sport
　　Coaching Framework ver1.2 (2013), Human Kinetics.
James A.H. Murray, et.al., The Oxford English Dictionary,
　　Volume IIC (1961), Oxford University Press., pp.544-
　　545.
上野裕一，小松佳代子（2011），楕円の学び，叢文社.
早稲田大学スポーツ科学部編（2003），教養としてのス
　　ポーツ科学，大修館書店.

Question

①コーチの役割について述べよ。

②論理的なコーチングプロセスについて述べよ。

ヒント
　「プレーヤーの可能性，能力，やる気などを引き出すこと」
　「プレーヤーの目的を尊重し，その達成のために最大限の尽力を行うこと」
　「PDCA サイクル」における具体的で明確な課題や計画の設定

スポーツ医学を学ぶ

山田　睦雄

1. スポーツ医学の歴史

　スポーツ医学の起源は紀元前5世紀の古代ギリシャと古代ローマに遡る。西洋医学の祖といわれる『ヒポクラテス』の師匠の一人と考えられている『ヘロディコス』は，歩行やレスリングを治療法的訓練（therapeutic exercise）として活用したと言われている。また『ヒポクラテス』は，人間の健康や体力の維持・増強には身体運動が重要であるとし，疾病や障害の治療にも身体運動を取り入れたと言われている。

　アジアにおいては，紀元前27世紀の中国で"Cong Fu"と呼ばれる医療体操と考えられるものがあり，疾病の予防・治療法として活用されていた。5世紀には現代の太極拳のもととなるものが作られ，健康維持増進，疾病予防および治療に広く用いられた。

　このようにスポーツ医学の歴史の起源は非常に古く，自然科学の発達ともに徐々に発展してきた。しかし，18世紀から19世紀にかけてスポーツを学問的研究対象とすることが憚られた時代が到来し，スポーツ医学は，いわゆる「アカデミックタブー」とされるようになった。ちょうどこの時期に，我が国に近代医学がオランダ・ドイツから導入され，結果

《著者紹介》

略　　歴
1996年　弘前大学医学部医学科卒業（医師免許取得）
2000年　弘前大学大学院医学研究科修了（医学博士取得）
2001年　埼玉医科大学総合医療センターリハビリテーション科助手
2005年　埼玉医科大学総合医療センターリハビリテーション科講師
2006年　埼玉医科大学かわごえクリニックリハビリテーション科講師
2010年　流通経済大学スポーツ健康科学部准教授

主要業績
学校スポーツにおける外傷・障害診療ガイド（文光堂，2012）
コンディショニング技術ガイド（文光堂，2011）
復帰をめざすスポーツ整形外科（メディカルビュー社，2011）
予防としてのスポーツ医学　スポーツ外傷・障害とその予防・再発予防（文光堂，2008）
運動器リハビリテーションの機能評価（原著 第4版）（エルゼビア・ジャパン，2007）
日本ラグビーフットボール協会安全対策委員会 International Rugby Board Medical Course Educator

担当科目
機能解剖学
スポーツ医学

スポーツ外傷・障害
アスレティックケア論（大学院スポーツ健康科学研究科）

としてかつてのヘロディコスやヒポクラテスなどが考えた，古代ギリシャから受け継がれた身体運動が，健康維持・増進および疾病予防・治療に重要であるという考えは入ってこなかった。また我が国においては，柔道・剣道・空手などといった，いわゆる武道が男性を中心に比較的限られた人の間で行われており，現代のようにスポーツが一般に普及していなかったこともスポーツ医学の導入が遅れた理由であるとも考えられる。

　現代のようなスポーツ医学が確立されらたのは，実は20世紀に入ってからである。18世紀から19世紀にかけての近代オリンピックの発展により，スポーツ人口は徐々に増加し，それに伴いスポーツが原因となる傷害が多く発生し，医学的対応が求められ，1922年のスイスを初めに，1924年にはドイツが国内にスポーツ医学の組織を設立した。1928年のサンモリッツでのオリンピックにて第一回スポーツ医学国際会議が開かれ，国際スポーツ医学連盟が設立され，この時から『スポーツ医学』という用語が用いられるようになった。わが国でスポーツ医学という言葉が初めて公式の場で用いられるようになったのは，そこから遅れること約60年の1987年第22回日本医学会総会からである。

　第2次世界大戦後以後の1950年代から成人病（現在の生活習慣病）に対して，身体運動が積極的に導入されるようになり，健康とスポーツを題材にした研究が増えてきた。やがてそれらの研究データをもとに，先進国では健康維持のために身体運動を導入することの必要性が強く訴えられるようになり，スポーツ医学が競技スポーツだけではなく，健康スポーツにも広く適応されるようになっていった。最

肩関節脱臼整復の絵
（古代ギリシャ時代）

近では，生活習慣病だけではなく，加齢に伴う骨・関節などの疾病を予防するためにも身体運動の重要性が認識されるようになり，わが国では『ロコモティブ・シンドローム』という病前状態ものに対するアプローチも日本整形外科学会を中心に進められている。

また，身体障害をもつ人々にも医学の発展とともに目が向けられるようになった。1964年世界で初めてのパラリンピックが東京で開催された。当時はリハビリスポーツとして，あくまでもリハビリテーション医療の流れの中に身体運動が取り入れられていたが，近年ではアスリート化が進み，車いすや義肢の開発などにもスポーツ医学が活用されるようになった。

ヒポクラテス

2．スポーツ医学とは

スポーツ医学は，定義することが難しい学問である。なぜなら，多くの専門分野がかかわっている学問だからである。脳神経外科学，整形外科学（traumatologyも含む），内科学（呼吸・循環器・内分泌）などが主に中心となっているが，そのほかの選手に起こる問題を解決するために産婦人科学や眼科学，耳鼻咽喉科学，皮膚科学，歯科口腔外科学などの知識も時には必要になってくる。また医師だけではなく，歯科医師，アスレティックトレーナー，ストレングス＆コンディショニングトレーナー（以下S&Cトレーナー），理学療法士，柔道整復師，鍼灸師，心理学者，栄養士そしてスポーツ医科学研究者など多くの職種により構成されている。

スポーツ医学の役割は，大きく『Prevention・

Intervention・Postvention』の 3 つに分類すること
ができる。

● Prevention（傷害予防・疾病予防）

　スポーツによる外傷を含めた健康障害は，100％
起こしてはならない。これは健康スポーツ（生涯ス
ポーツを含む），競技スポーツ（パラリンピックも
含む），学校スポーツ，医療スポーツのすべてにあ
てはまる。しかしスポーツに関連する事故は後を絶
たない。そのため現代のスポーツ医学では，傷害お
よび疾病の予防に関心が高まっている。その代表的
なものが熱中症である。暑熱環境下の身体適応障害
で発生する熱中症は，予防可能な疾患であるにもか
かわらず，その対応に失敗すると生命の危機に陥る
疾患の一つである。日本体育協会は，熱中症予防 8
か条を策定し，運動指針も示しその予防を呼びかけ
ている。
　健康スポーツ（生涯スポーツを含む）の分野では，
循環器疾患を予防するために運動生理学的な研究結
果をもとにしたメディカルチェックが重要視されて

熱中症予防 8 ヶ条

1．知って防ごう熱中症（熱中症に対する認識）

2．熱いときに無理な運動は事故のもと
　（環境に応じた運動の仕方，休憩の取り方）

3．急な暑さは要注意（暑熱馴化）

4．失った水と塩分取り戻そう（0.1〜0.2％の食塩水）

5．体重で知ろう健康と汗の量（体重減少を 2 ％以内に）

6．薄着ルックでさわやかに（服装）

7．体調不良は事故のもと（個人差に注意，特に肥満）

8．あわてるな，されど急ごう救急処置

いる。メディカルチェックには血液検査や胸部のレントゲン，心電図（安静時・運動負荷時），尿検査などが一般的である。最近では『ロコモティブ・シンドローム』といった肩，膝，腰などの運動器の加齢に伴う疾患の病前状態を早期発見するために，運動器のメディカルチェックも重要視されている。

スポーツ傷害の予防には，Oslo Sports Trauma Centerで考えられた，「スポーツ傷害予防の4Stepモデル」が世界的に広く用いられている。これは，疫学をもとにして予防法を確立していく流れを示したものである。Step1で傷害の発生頻度を統計的に分析し，問題となる疾患を抽出する。Step2で危険因子の特定を行い，画像などを主に用いて情報分析し，傷害発生の原因とメカニズムを割り出す。Step3ではStep2で得られた情報をもとに予防法を作り出し，それらを現場に導入する。Step4ではStep3で導入された予防法の効果を評価し，再びStep1にもどり統計的な検証を行う。

Public Health Approach — aka van Mechelen's Sequence of Sports Injury Prevention を基にした外傷予防のステップ

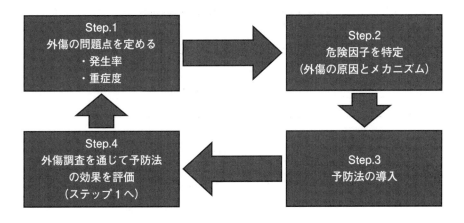

● Intervention（現場への介入）

　各専門職はそれぞれの領域において現場への介入を行っている。健康スポーツ・競技スポーツ・医療スポーツにおいて医師は，トレーナーと連携し対象者の健康状態のチェックを行い，疾病及び傷害発生時には，診断をくだし，アスレティックトレーナーと連携し適切な処置を行う。そしてサプリメントや医薬品の使用，ドーピング管理と教育，性別判定といったことにも医師は関与している。医師とアスレティックトレーナーは，現場環境の安全管理や安全対策にともなうマニュアルを作り，選手や指導者，父母に対して「スポーツでの安全」への啓蒙活動を行っている。アスレティックトレーナー，柔道整復師，鍼灸師はストレッチやマッサージ，物理療法機器を用いて，選手のトレーニング前後でのコンディショニングを行う。S&Cトレーナーは，筋生理学的研究結果を基礎とした筋力訓練を選手へ処方し，競技者のパフォーマンスを向上させるとともに傷害の

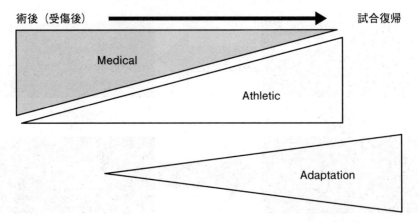
スポーツ選手の復帰のリハビリの流れ（基本的な考え方）

予防も行う。またそのほかにも高齢者への転倒防止や筋力低下を予防するためのプログラムを提供する。最近では介護予防事業にも S&C トレーナーの知識が広く求められている（スロートレーニングなど）。競技スポーツにおいて栄養士は，選手個人の食事調査を行い，その分析結果をもとに食事提供を行い選手のコンディショングを整える役割を担っている。また体重のコントロールが必要な種目の選手には，体重の増減にて体調を崩すことの無いように計画的な食事プログラムを作成する。必要であれば選手たちへサプリメントフードの提供も行う。学校スポーツにおいては発達段階の子供たちに適した食事メニューのあり方などを，父母や指導者へ講義するといった啓蒙活動を行い，子供たちの成長をサポートしている。健康スポーツにおいては，医師らと協力し運動器疾患や生活習慣病の治療目的で，対象者やその家族へ食事メニューの提案や栄養教育を行う。

　心理士は，競技スポーツにおいてはメンタルトレーニングなどに関わっていき，スポーツで傷害を負った人や疾病を患った人に対しては，それらの受容に深く関わっていき，スポーツを通じた Quality of life の向上へ導いていく役割を担っている。

● Postvention
（手術後・傷害後および疾病後の対応）

　疾病や傷害がもとでスポーツ活動を休止することになった場合，医師よりリハビリテーション（以下リハビリ）が処方される。このリハビリテーションを実施するのは，主に理学療法士や柔道整復師，アスレティックトレーナー，S&C トレーナー，心理

士である。競技スポーツの場合のリハビリの流れを図で示す。リハビリは，まず病院で一般生活に復帰するための医学的なリハビリが行われ，次第に持久力や瞬発力，バランス能力，姿勢などのスポーツにかかわる要素を改善させるアスレティックリハビリの割合が時間経過とともに増えてきて，最終的にはその競技に適応し，同傷害の再発予防のためのメニューが行われ，選手は復帰していく。これらの期間，栄養士や心理士は，選手の精神的・身体的なコンディションを整えるためにサポートしていく。健康スポーツの場合は，一般的にはアスレティックリハビリの段階で終了することが多い。

このリハビリにおける段階的復帰プログラムに関して，最近ラグビーフットボールにおける

段階的競技復帰プロトコル（GRTP）

レベル	リハビリ段階	各段階の運動
1	医師により管理される場合は受傷後最低24時間，その他の場合は受傷後最低14日間経過するまでは，いかなる活動も禁止	心身の完全な休養，無症状であること。
2	24時間の間に軽い有酸素運動を実施	最大予測心拍数の70％未満のウォーキング，水泳，固定した自転車エルゴ。レジスタンス・トレーニングの開始も可。24時間，無症状であること。
3	24時間の間にスポーツ固有の運動を実施	ランニング・ドリル。頭部に衝撃を与える運動は禁止。24時間，無症状であること。
4	24時の間にコンタクトの無い練習ドリルを実質	より複雑な練習に進む（例：パス・ドリル）漸進的にレジスタンス・トレーニングの開始も可。24時間，無症状であること。
5	フル・コンタクト練習実施	医師の許可後に通常トレーニング参加。
6	24時間経過後に競技復帰	リハビリ完了

脳振盪からの復帰プログラムが注目されている。
International Rugby Board（IRB）が，他の競技より先んじて脳振盪から復帰する場合，段階的なリハビリを義務付けたのである。この段階的なリハビリプロトコルは，2008年にチューリッヒにてIRBが国際オリンピック委員会（IOC），国際サッカー連盟（FIFA），国際アイスホッケー連盟（IIHF）と共同で打ち出したものであるが，義務化にした競技団体はIRBが初めてである。脳振盪に関しては，アメリカンフットボールなどで脳振盪を起こした選手が引退後もその後遺症に苦しんでおり，それらに関する訴訟も相次いでいる。ワシントン州では脳振盪後に十分に経過をみて復帰させることを義務付けた「ライステッド法」という法律も制定された。現在National Football League（NFL）では，その法律の全米での制定を訴えている。我が国においても，体育の授業で武道が必修化されることになり，脳振盪後の対応は非常に重要であると思われる。

3．まとめ

スポーツ医学は，身体運動による傷害を可能な限り避け，良い効果をもたらすための医学である。近年における国の健康・医療政策により，高齢者の健康スポーツ（生涯スポーツ）を普及・推進するために，スポーツ医学の必要性は増大するであろう。また2007年WHOの障害者権利条約に日本も調印しており，将来的には批准してくため，医療スポーツやパラリンピックスポーツへのスポーツ医学の必要性も高まると考えられる。このような時代の流れに対応すべく，スポーツ医学に携わる者は，正しい知

識を身につけると同時に，その質の向上も心がける
必要があると思われる。

参考文献

日本体育協会（2004），スポーツ医学研修ハンドブック，
　　文光堂．
福林徹（2008），スポーツ外傷・障害における予防の役
　　割，予防としてのスポーツ医学25（臨時増刊号）：
　　2 － 5 ．
籾山日出樹ら（2009），臨床スポーツ医学，株式会社医
　　学映像教育センター．

Question

①スポーツ現場でのスポーツ医学の分野において興味のある点を，自身が
行ってきた競技を中心に述べよ。

②スポーツ傷害の予防において3つの段階「prevention/intervention/
postvention」について本文中に述べられていたが，自身が受傷した既往
のある傷害についての予防法を，文献資料をもとに3段階に分けて述べよ。

健康スポーツを学ぶ

大槻　毅

1. はじめに

　「PubMed」はアメリカの合衆国の National Center for Biotechnology Information（国立バイオテクノロジー情報センター）が運営するホームページであり，インターネットに接続できれば，生命科学に関連する世界中の研究論文を，誰でも無料で検索できる。この検索エンジンを用い，「Exercise」をキーワードとして研究論文数を検索した結果を表1にまとめた。一目でわかるように，「Exercise」に注目し，それをテーマとして研究論文を執筆する研究者の増加は著しい。これらの中には，健康維持・増進のための研究やスポーツパフォーマンス向上のための研究，試験管レベルの基礎研究やヒトを対象とした応用研

《著者紹介》

略　歴
1998年　大阪教育大学教育学部教養学科卒業
1998年　筑波大学体育専門学群研究生
1999年　筑波大学大学院修士課程体育研究科
2001年　筑波大学大学院博士課程体育科学研究科
2004年　筑波大学先端学際領域研究センター　博士研究員
2006年　京都府立医科大学生体機能制御学　博士研究員
2007年　聖カタリナ大学社会福祉学部　講師
2010年　流通経済大学スポーツ健康科学部　准教授
2014年　流通経済大学スポーツ健康科学部　教授

主要業績
Otsuki T, Ishii N. (2017) Association between blood

表1　「Exercise」に関連する論文数の変化

発行年	論文数	発行年	論文数
1950	112	1985	2,574
1955	168	1990	3,556
1960	137	1995	3,810
1965	347	2000	4,686
1970	424	2005	6,637
1975	1,004	2010	9,440
1980	1,594	2015	14,915

National Center for Biotechnology Information（国立バイオテクノロジー情報センター［アメリカ合衆国］）の PubMed を用い，タイトルまたは要約に「Exercise」が含まれる論文数を検索した（検索日，2017年1月5日）。

pressure changes during self-paced outdoor walking and air temperature. *Clin Physiol Funct Imaging* 37, 155-61.

Otsuki T, Kotato T, Zempo-Miyaki A. (2016) Habitual exercise decreases systolic blood pressure during low-intensity resistance exercise in healthy middle-aged and older individuals. *Am J Physiol Heart Circ Physiol* 311, H1024-30.

Otsuki T, Maeda S, Mukai J, et al. (2015) Association between plasma sLOX-1 concentration and arterial stiffness in middle-aged and older individuals. *J Clin Biochem Nutr* 57, 151-5.

Otsuki T, Shimizu K, Maeda S. (2015) Changes in arterial stiffness and nitric oxide production with *Chlorella*-derived multicomponent supplementation in middle-aged and older individuals. *J Clin Biochem Nutr* 57, 228-32.

Otsuki T, Ohashi C. (2014) Participation in physical activity and arterial stiffness in males with autism spectrum disorder. *Artery Res* 8, 110-4.

担当科目
スポーツ生理学
エアロビック運動の理論

究，生理学的研究や心理学的研究など，様々な研究論文が含まれている。いずれにしても，本学部で学ぶ「スポーツ健康科学」は，世界が注目するホットな学問領域である。

2．健康スポーツとは？

Health is a state of complete physical, mental and social well-being and not merely the absence of disease or infirmity（*WHO, 1948*）
健康とは，病気でないとか，弱っていないということではなく，肉体的にも，精神的にも，そして社会的にも，すべてが満たされた状態にあることをいいます（日本 WHO 協会訳）

上記は，世界保健機関（World Health Organization, WHO）による健康の定義である。健康観には個人差があり，この定義は必ずしも絶対的なものではないが，少なくとも，公に健康問題を取り扱う場合には，身体的あるいは精神的などという一面的な捉え方ではなく，健康を多面的に捉える必要がある。したがって，健康スポーツ領域には，身体的な問題を取り扱うスポーツ生理学（運動生理学），精神的な問題を取り扱うスポーツ心理学（運動心理学，健康心理学），社会的な問題を取り扱うスポーツ社会学など，様々な学問領域が関連する。それらの対象も，子ども（心身の発育・発達，小児生活習慣病予防など）から高齢者（生活習慣病予防，介護予防，うつ予防など）まで，また，健常者から疾患者および障がい者まで広範におよぶ。ここでは，主に生理学的観点から，健康スポーツについて概説する。なお，

スポーツ生理学には，アスリートの競技力向上に関わる内容も含まれる。健康づくりのための運動と競技パフォーマンス向上のためのトレーニングは同一ではないが，ここでは，競技パフォーマンス向上を目的としたスポーツ生理学も含めて概説する。

【おまけの知識】　1998年の WHO 執行理事会で，前述の定義に「dynamic」，「spiritual」という単語を追加することが総会提案されることになった。しかし，その後の総会では，現行の定義は適切に機能しており，審議の緊急性が比較的低いなどという理由で，実際には審議されておらず，採択も見送りとなっている。

3．世界で最も有名な健康スポーツ研究

　ロンドンのバスは2階建てであり，運転手と車掌が2人体制で運行にあたっている。調査が行われた1960年代，運転手は運転席に座りっぱなしであるのに対し，車掌は切符の販売や改札に大忙しで，乗務中，何度も階段を昇降して車内を歩き回っていた。モーリス博士がバスの運転手と車掌を対象に調査を行ったところ，虚血性心疾患（狭心症，心筋梗塞など）の発症率は運転手よりも車掌で低く，発症後3か月間の死亡率も，車掌の方が低かった。これらのことから，モーリス博士は，運動が健康の維持増進に有用であると考えた。

【おまけの知識】　虚血性心疾患は，食生活の欧米化などにともなって，日本でも年々増加しており，現在，悪性新生物（がん）に続いて第二位の死因となっている。

パッフェンバーガー博士らの研究グループが行っ
たハーバード大学の卒業生約1万7千人対象の調査
では，卒業後，1週間あたりの歩行距離が長い者，
身体活動量が多い者では，非活動的な生活を送って
いる者に比べて心疾患および脳卒中の発症リスクが
低かった。

【おまけの知識】　平均寿命および生活習慣病の発
症リスクは，経済状況および学歴などの影響を受け
るとされている。この研究は，研究規模の大きさは
もとより，経済状況および学歴が比較的均一な集団
を対象にしたことにおいても，価値が高い。

4．スポーツ生理学とは？

　スポーツ生理学は比較的新しい学問領域である
が，少なくとも18世紀の終わりには産声を上げてお
り，1793年には，Seguin と Lavoisier が，若年男
性が7.3 kg のウェイトを使って行った15分間の運動
中に，酸素摂取量が安静時の約2.5倍に増加したこ
とを報告している。その後，1922年にノーベル賞を
受賞したイギリスの生理学者 A.V. Hill らの功績に
より，スポーツ生理学は飛躍的な発展を遂げた。

　スポーツ生理学とは，スポーツ中の身体変化（心
拍数，呼吸，エネルギー代謝など）と，継続的なス
ポーツ活動（トレーニング）による身体の形態的変
化（スポーツ心臓の形成，筋肥大など）および機能
的変化（心臓の収縮力増強，筋力増強など）を取
り扱う学問である。前者は，スポーツ中，あるいは
スポーツ終了直後に生じる一過性の変化であり，ス
ポーツの終了後，数分ないし数時間後には，スポー
ツ開始前の水準に回復する（遅発性筋肉痛などのよ

うに，スポーツを行った数時間〜数日後に現れ，それが数日間続くものもある）。後者は，いわゆるトレーニング効果のことである。

単にスポーツ生理学といっても，テーマはアスリートの競技力向上から一般人における健康の維持増進まで，研究対象は実験動物からヒトまで，研究手法は遺伝子解析から筋力測定まで，かなり広範におよんでいる。ここでは，本学大学院スポーツ健康科学研究科の修士論文および本学スポーツ健康科学部のゼミ論文を基に，スポーツ生理学の研究例を紹介する。

1）スポーツ中の身体変化に関わる研究
〜運動中における血圧上昇予測方法の検討〜

運動中には，一過性に血圧が上昇する。これは，運動中の脳および筋肉などに必要量の血液を供給するための正常な反応であるが，加齢，喫煙，運動不足などにより動脈硬化が進行したり，体調不良であったり，心理的ストレスを受けたりすると，血圧が過度に上昇することがある。血圧の過度な上昇は心血管系疾患のリスクなので，体質および体調などから運動中の血圧上昇を予測し，血圧が過度に上昇しないように運動の強度および量などを調整することができれば，安全かつ効果的に健康づくり運動を実施できるかもしれない（例；「少し疲れているけど，この程度なら血圧は普段と変わらないぞ。気にし過ぎず，普段通りのウェイトで筋トレをやろう」，「今日は寝不足だし寒いから運動中に血圧が上がりやすいぞ。距離は短めにして，ゆっくりウォーキングしよう」）。そこで，動脈硬化度測定，血液検査，体力測定，体調チェックなどの結果から，個人毎に

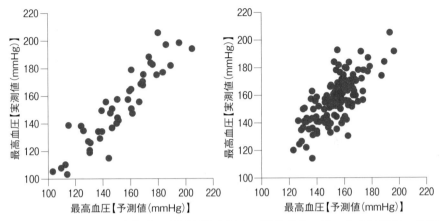

【左】事前に行った血液検査・動脈硬化度測定，運動直前に行った血圧測定・体調チェックアンケート調査などの結果から予測した運動中の最高血圧は，最大筋力の40%で実施したアームカール中に測定した値とよく相関した．
古田土賢大 （流通経済大学大学院スポーツ健康科学研究科1期生）
【右】左図と同様にして予測した運動中の最高血圧は，ウォーキング中に測定した値と相関した．
石井奈々子 （流通経済大学大学院スポーツ健康科学研究科2期生）
・第67回日本体力医学会大会で発表

図1 【左】ウェイトトレーニング中（アームカール）の血圧における予測値と実測値との関係
【右】ウォーキング中の血圧における予測値と実測値との関係

血圧の上昇を予測する数式を作成し，その式を用いて算出した予測値と実際の運動中に測定した値（実測値）との関係により，予測血圧の精度を検証した（図1）。その結果，ウェイトトレーニング（アームカール，レッグプレス）においては，高い精度で血圧を予測できていた。ウォーキングにおいても，さらに検討を進めることで，より高精度の予測方法を確立できそうである。

【おまけの説明】　現在は基礎研究段階であるが，将来的には，さらに予測精度を高めたうえで，健康づくり運動の現場でこれらの予測式を応用することを目指している。開発した血圧予測システムが市販

の血圧計に搭載され，多くの中高齢者がそれを用いて健康づくり運動に励む日が来るかもしれない．

2）継続的なスポーツ活動（トレーニング）による身体変化に関わる研究
〜水泳が心臓機能および血管機能におよぼす影響〜

ウォーキングなどの有酸素性運動は，加齢による血圧の上昇を予防したり，上昇した血圧を低下させたりする．しかし，水泳は例外であり，比較的健康度の高い者が行った場合には，逆に血圧が上昇するとされている．若年者を対象に血圧測定を行ったところ，水泳を行う習慣がない者に比べて，スイマーの収縮期血圧（最高血圧）と脈圧（最高血圧と最低血圧の差）は高い傾向にあった（図2）．さらに，スイマーを競技歴により2群に分けたところ，競技歴の長い群で，短い群に比べて脈圧が高い値を示した．今後，水泳による血圧上昇のメカニズムを明ら

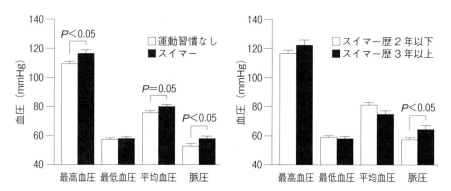

林克（流通経済大学大学院スポーツ健康科学研究科2期生）
・臨床スポーツ医学（文光堂）2012年9月号に論文掲載

図2　【左】運動習慣のない者に比べて，スイマーの血圧は高い傾向にあった．
　　　【右】スイマー歴が2年以下の者に比べて，3年以上の者で血圧は高い傾向にあった．

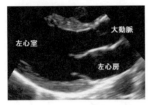

図3　心臓左心室超音波画像　（林克撮影）

かにし，特に中高齢者において，血圧を上昇させない水泳の実施方法を提案する必要がある。

【おまけの説明】　後に超音波エコー装置を用いて心臓の形態および機能などを測定する実験を行ったところ，スイマーの血圧上昇は動脈硬化などの病的変化ではなく，スポーツ心臓形成の結果として起こる現象だと考えられた（図3；林と大槻，第67回日本体力医学会大会）。

3）その他の研究
～サプリメントが全身持久力におよぼす影響～

ある生物を原料に用いて作成した総合栄養サプリメント（アミノ酸，ビタミン，ミネラルなど様々な栄養素を含む多機能なサプリメント）を大学生が4週間摂取したところ，全身持久力（最大酸素摂取

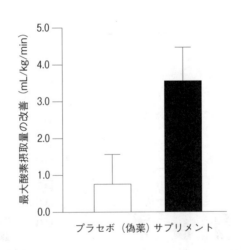

梅本幸朗（流通経済大学スポーツ健康科学部4期生）
・Journal of Clinical Biochemistry and Nutrition, Volume 55, Issue 2（2014年発行）に論文掲載

図4　総合栄養サプリメントとプラセボの摂取（4週間）による最大酸素摂取量（全身持久力の指標）の改善

量）が改善した（図4）。乳糖と食用色素で作成したプラセボ（偽薬）の摂取では持久力の改善は認められなかった。

5．まとめ
〜健康スポーツ・スポーツ生理学を学ぶことの意義

　児童・生徒や地域の中高齢者に対し，健康・体力づくりのために「運動しましょう！」と呼びかけることは誰でもできるだろう。しかし，運動をすると，なぜ，どのように身体に良いのか，どのような運動（種類，強度，時間，など）を行うと効率よく効果が得られるのか，その運動をどの程度続けたら効果が得られるのか，確かな根拠を基に，自信を持って語ることは，容易ではない。高度なパフォーマンスを求めるトップアスリートに対しては，より的確にそれらの根拠を示す必要があるだろう。もちろん，指導者やアスリートが持つ経験は，運動の実践において大いに役立つものである。しかし，それらの経験とエビデンス（実験・調査により得られた知見）を融合させてこそ，真に適切な指導が行えるのではないだろうか。医師たちは，日々更新される膨大な研究論文に寝る間を惜しんで目を通し，現代の科学において最善の診断・治療を施すことを心がけている。スポーツ・体育の指導者もそうであって欲しいと願う。

推薦図書
春日規克，竹倉宏明編（2006），運動生理学の基礎と発
　　展（改訂版），フリースペース．
冨樫健二編（2013）はじめて学ぶ健康・スポーツ科学

シリーズ，③スポーツ生理学，化学同人.
Kenney WL *et al.* (2011), Physiology of Sport and
Exercise (5th ed.), Human Kinetics Pub.

Question

　あなたが行っている（行っていた）スポーツが，健康の維持増進において
どのような効果を持つか，対象者（年齢，健康状態など）を明確にしたうえ
で考察せよ。

健康教育学を学ぶ

金子　衣野

《著者紹介》
略　歴
1992年　帝京大学医学部医学科卒業
2001年　帝京大学大学院医学研究科修了（医学博士）
2000年　帝京大学医学部付属病院小児科
2001年　博慈会記念総合病院小児科
2006年　荒川区第二日暮里保育園園医
2007年　さいたま市療育センターさくら草
2015年　流通経済大学スポーツ健康科学部准教授

1．はじめに

　我が国における死因別死亡率の長期推移は、克服すべき病気の種類が過去から大きく変貌を遂げている（図1）。戦前の死亡原因としてもっとも深刻だったのは、肺炎や胃腸炎といった感染症であった。1930年代から戦後しばらくは結核が死因第1位となるが、BCG接種による予防、ツベルクリン検査、全国民一律の胸部X線検査による患者発見、さらに化学療

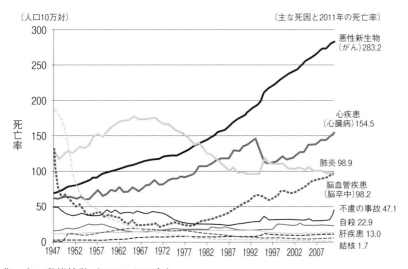

出典：人口動態統計（1947〜2011年）

図1　我が国における死亡率の推移（主な死因別）

主要業績
Hikita T, Kaneko S, et al. Cyclic Vomiting Syndrome in Infants and Children: A Clinical Follow-up Study. Pediatric Neurol. 2016
周期性嘔吐症―片頭痛関連疾患として　日本医事新報　2006（共著）
経腸栄養児のヨード欠乏と甲状腺機能障害．及び経腸栄養剤のヨード含有量適正化の検討　成長科学協会研究年報　2003（共著）
成長ホルモン治療の高次機能に及ぼす効果　成長科学協会研究年報　2002（共著）

担当科目
健康教育学
運動負荷試験
医学一般

　法による治療をあわせた対策によりその座を退いた。第2次大戦後，栄養状態の改善やサルファ剤，抗生物質などの出現にともない感染性疾患による死亡が大幅に減少し，結核対策も進んだ結果，我が国の平均寿命は大きく延びていった。しかしそれにより，悪性新生物，脳血管疾患，心臓疾患など，これまでとは違う老化と結びついた疾患が増大してきた。

　次に我が国の人口動態について見てみよう。戦後間もない1950年から高度経済成長が続いた1975年のころの人口ピラミッドを示す（図2）。日本の人口ピラミッドは正三角形に近い形状であり，まさにピラミッドの示す形そのものであった。その後バブル経済が崩壊し日本経済が長い低迷期に突入すると，ピラミッドはその様相を変えていく。2015年と，近未来として2025年の人口ピラミッドを次に示す（図3，図4）。

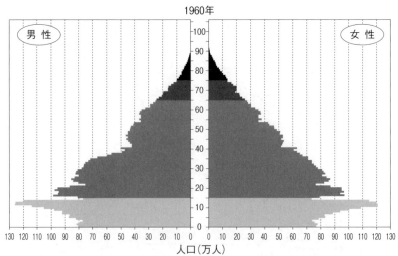

資料：1920～2010年：国勢調査，推計人口，2011年以降：「日本の将来推計人口（平成24年1月推計）」。

図2

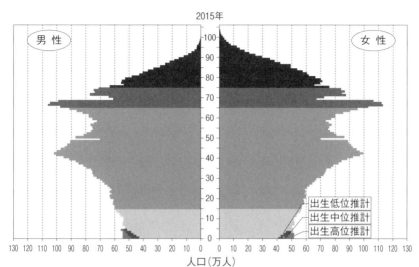

資料：1920〜2010年：国勢調査，推計人口，2011年以降：「日本の将来推計人口（平成24年1月推計）」。

図3

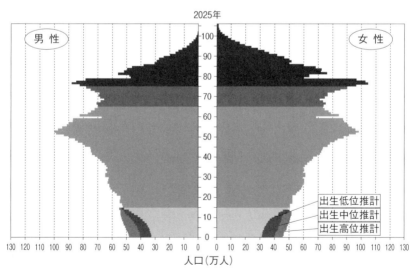

資料：1920〜2010年：国勢調査，推計人口，2011年以降：「日本の将来推計人口（平成24年1月推計）」。
出典：国立社会保障・人口問題研究所ホームページ（http://www.ipss.go.jp/）

図4

2015年の人口ピラミッドは，いわゆる「団塊の世代」（65−69歳）層より上は正三角形，「団塊ジュニア」（「40−44歳」層）より下の世代は，ほぼ逆三角形になってしまい，その間の年齢層は凹型を呈し，少子化の影響が顕著に表れている（図3）。近未来2025年の人口ピラミッドを見ると，団塊の世代は「75−79歳」となり，その結果65歳以上の高齢者が圧倒的に多い人口ピラミッドとなっていく。団塊ジュニアから下の年齢層はほぼ逆三角形であり，少子化に歯止めがかからない状態で推移していくことが予測される（図4）。我が国は将来的に要介護の高齢者人口が増える一方，それを支える若い世代への介護負担は必至であり，これら世代の負担軽減のため，また，今後増えるであろう高齢者に対しては要介護の期間をなるべく短く，健康寿命を延ばすことは非常に重要な問題である。

2．生活習慣病とは

1972年 Breslow らの疫学的研究により生活習慣と疾病の関連が科学的に明らかにされた。我が国では生活習慣に着目した疾病の呼称として，「習慣病（日野原重明，1978）」，「生活習慣病（川久保清，1991）」などの用語が提唱された。1955年いわゆる「成人病」は，厚生省が「40歳から60歳の働き盛りの人々に発生率が高い疾患を指し，脳血管障害，悪性腫瘍，心疾患，糖尿病，痛風など慢性疾患」とした。日本人の死亡率で上位を占めるようになったがん，脳卒中，心臓病は「三大成人病」とされ，主たる克服対象となった。集団検診による早期発見，早期治療の体制が整えられ，一定の成果を得ることが

できた（二次予防）。その後1996年ごろからは，三大成人病をはじめとして糖尿病，慢性肝疾患などが，永い年月を経ての各個人の生活習慣とそれらの疾患の発症との間に深い関係があることが明らかになってきていることから，それまで「成人病」といわれていた呼称を改め，新たに「生活習慣病」と称されるようになった。生活習慣に起因する疾病，さらには生活習慣の改善により予防しうることが重要となり，従来の早期発見，早期治療を行う「二次予防」から，病気自体にならないように生活習慣を改善する「一次予防」へとシフトしていった。

3．我が国の生活習慣病対策

　わが国では1978年，厚生労働省による「第1次国民健康づくり対策」に続き，1980年には「第2次国民健康づくり対策（アクティブ80ヘルスプラン）」が進められた。80歳になっても，生き生きとした生活を送ることにより，明るい社会を形成しようというものである。（図5）この中で運動習慣の普及に重点を置いた対策がとられ，運動指導プログラムの作成および指導を行う運動指導者の養成が進められた。また健診事業の充実などにより，国民の疾病予防や健康づくりにある一定の成果を上げた。2000年第3次国民健康づくり対策として「健康日本21」が始まる。目的は大きく三つあり，①壮年期死亡の減少，②健康寿命の延伸，③生活の質の向上であり，すべての国民が健やかで心豊かに生活できる活力ある社会の形成を目指している。具体的な推進事業は図中に示されているが，この中の身体活動・運動には生活習慣病予防に効果的であり，健康づくりの重

```
┌─────────────────────────────────────────┐
│ 第1次国民健康づくり対策（1978年～）       │
│   ○健康診査の充実                        │
│   ○市町村保険センターなどの整備          │
│   ○保健婦，栄養士などマンパワーの確保    │
└─────────────────────────────────────────┘
```

```
┌─────────────────────────────────────────┐
│ 第2次国民健康づくり対策（1988年～）       │
│   ○運動習慣の普及に重点を置いた対策      │
│    （運動指針の策定，健康増進施設の推進など）│
└─────────────────────────────────────────┘
```

```
┌─────────────────────────────────────────┐
│ 第3次国民健康づくり対策「健康日本21」    │
│   ○一次予防重視                          │
│   ○健康づくり支援のための環境整備        │
│   ○目標などの設定と評価                  │
│   ○多様な実施主体による連携のとれた効果的な運動の推進│
└─────────────────────────────────────────┘
```

出典：健康運動指導士マニュアル

図5

要な要素である。

4．健康運動指導士とは

　健康運動指導士の養成事業は，生活習慣の予防，健康水準の保持・増進を目的として，財団法人健康・体力づくり事業財団により進められてきた。平成19年までに約12000人近くの指導士が育成された（表1）。

　健康運動指導士の役割は，個々人の心身の状態に応じた安全で効果的な運動を実施するための運動プログラムの作成と指導であり，健康運動実践指導者とともに，健康づくりのための運動を支援することである。先に述べた生活習慣病予防のための運動を

＊ 健康教育学を学ぶ ＊ 39

表1　都道府県別健康運動指導士養成人員

都道府県名	健康運動指導士	都道府県名	健康運動指導士	都道府県名	健康運動指導士
北海道	299	福　井	124	山　口	117
青　森	108	山　梨	95	徳　島	100
岩　手	104	長　野	262	香　川	113
宮　城	205	岐　阜	153	愛　媛	148
秋　田	60	静　岡	292	高　知	55
山　形	132	愛　知	630	福　岡	636
福　島	138	三　重	137	佐　賀	101
茨　城	237	滋　賀	129	長　崎	121
栃　木	162	京　都	280	熊　本	160
群　馬	145	大　阪	801	大　分	87
埼　玉	652	兵　庫	488	宮　崎	109
千　葉	512	奈　良	134	鹿児島	196
東　京	1,439	和歌山	73	沖　縄	168
神奈川	855	鳥　取	57	海　外	0
新　潟	169	島　根	176		
富　山	100	岡　山	316		
石　川	112	広　島	292	合　計	11,379

出典：健康運動指導士マニュアルより

指導する専門家のニーズは増しており，健康運動指導士への期待は高まっている。またハイリスク者も対象にした安全で効果的な運動を行うことのできる専門家を目指すうえでまず取得すべき標準的な資格であり，健康教育学ではこのための，生活習慣病全般の幅広い知識を習得し活用すること学んでいく。

5．まとめ

　現代日本は押しも押されもせぬ世界最長寿国です。一方，少子化現象はわが国の人口構成を大きく変化させ，短い年月で超高齢社会を急速化させています。欧米諸国と比べてもこのような短い年月で急速に高齢化が進んでいる国はなく，高齢者率がピークに達

する近未来に向けての対策は急務とされています。「健やかで豊かな長寿社会」の実現に向け，また全ての人々を対象とする健康教育とヘルスプロモーションによる疾病予防と健康増進を行うための学問が健康教育学なのです。

参考文献

下光輝一ら編（2007），健康運動指導士養成テキスト，財団法人健康・体力づくり事業財団．
厚生労働省（2000），健康日本21
佐藤祐造ら編（2009），健康運動指導マニュアル，文光堂

Question

　我が国の人口構成の特徴をもとに，今後の健康増進・維持に必要な課題は何か，自身の意見を述べなさい。

スポーツ救急教育を学ぶ

稲垣　裕美

1．はじめに

　救急とは，けが人や急病人に応急の手当をすることである。傷の手当もあれば，命の危険にさらされた人への救命処置もある。さて，そういうアクシデントに仲間が遭遇したとき，あなたは何ができるだろうか。もし，あなた自身が，先生，コーチ，トレーナーなど指導的な立場にある人だとすれば，その教え子や選手のために，何をすべきなのだろうか。スポーツ活動に携わり指導的な立場にある者こそ，救急処置を学び，命を守る哲学とメソッドを持ち得てほしい。

2．守ることと救うこと

　怪我や事故が起きないようにすることは，最も重要なことである。一度，怪我や事故が起きると，負傷者や周囲の者も相当なダメージを被る。スポーツ活動に携わり指導的な立場にある者は，どうしたら，活動中の事故を未然に防ぐことができるか常に考え改善策を実行しながらも，万が一，その怪我や事故が起きたときにはどう救助行動を取るのかシミュレーションし，実際に訓練して安全を担保しておかなくてはならない。

《著者紹介》

略　歴

1998年　筑波大学体育専門学群卒業

2001年　筑波大学大学院修士課程体育研究科修了

2001年　筑波大学学生部学生課体育センター文部科学技官

2004年　筑波大学体育科学系助手（体育センター）

2004年　茨城県立医療大学保健医療学部医科学センター嘱託助手

2006年　流通経済大学スポーツ健康科学部助手

2008年　流通経済大学スポーツ健康科学部講師

2012年　流通経済大学スポーツ健康科学部准教授

主要業績

心肺蘇生法教本―JRC ガイドライン2015準拠，共著，大修館書店，2016.11

サーフライフセービング教本（改訂版），共著，大修館書店，2013.5

稲垣裕美，山本利春，小峯力：「月経随伴症状が女子大学生ライフセーバーの監視救助活動に及ぼす影響」流通経済大学スポーツ健康科学部紀要，8：13-17，2015.3

稲垣裕美：「水泳・水中運動の授業概要およびその成果」流通経済大学スポーツ健康科学部紀要，9：1-10，2016.3

稲垣裕美，小粥智浩，小峯力：「いのちのプロジェクト～「救命教育」研修会の概要及びその成果（その2）～」流通経済

担当科目
スポーツ救急理論・実習Ⅰ
ライフセービング実習
スポーツ教材研究Ⅰ

3．救命の連鎖

　命の危険にさらされたけが人や急病人を救命し，さらには社会へ復帰させるために必要な一連の行動を「救命の連鎖」と言う。図1のようにこの救命の連鎖は，4つの行動から構成されている。1つめは「心停止の予防」で，心停止につがるような事故を未然に防止したり，突然死の原因になるような生活習慣病の予防を積極的にしていくことである。2つめは，「早期認識と通報」で，心肺停止を疑うような現場に遭遇したら，ためらわず119番通報をするなど，積極的に救命活動に関わることである。3つめは「一次救命処置」で，その場に居合わせた人によるいち早い心肺蘇生やAED（自動体外式除細動器）での処置することである。4つめは「二次救命処置と心拍再開後の集中治療」で，救命救急士や医師による高度な救命医療を受けることである。

　この4つの行動のうち，あなたを含めた一般市民ができるものは，3つである。このことから，スポーツ活動に携わり指導的な立場にある者がいかに命を守る役割を有しているかがわかる。

（「救急蘇生の指針2015」より）

図1　救命の連鎖

4．バイスタンダーへの期待

　バイスタンダーという言葉を知っているだろうか。救急現場に居合わせた人のことだが，このバイスタンダーには，誰もがなり得る可能性がある。総務省消防庁の「救急・救助の現況」の報告（図２参照）によると，平成27年の我が国における救急隊の現場到着時間は平均8.6分で，20年前の平成７年は平均6.0分だったことを考えると，この20年間で2.6分長くなった。この救急隊の現場到着時間とは，119番通報を受けてから救急車で現場に到着するまでに要した時間と定義されている。

　この数字から，バイスタンダーの存在がとても重要であることがわかる。心肺停止など生命の危機的状況におちいった人を救命し，社会復帰へ導くためには，前述した通り，「救命の連鎖」が必要で，これらの行動の最初の３つがバイスタンダーによって，救急隊が到着するまでの8.6分の間に行われることが望ましいのである。

　総務省消防庁の「救急・救助の現況」の報告によると，平成27年の我が国における一般市民が目撃した心原性の心肺機能停止者数は２万4,496人であった。そのうち一般市民が心肺蘇生を実施した人数は１万3,672人であった。つまり，一般市民が心原性の心肺機能停止者に遭遇した場合，55.8％の者に救命処置をしたことになる。

　また，同報告には，一般市民が除細動を実施した傷病者のうち１ヵ月後に生存できた割合は 54.0％，さらに，社会へ復帰できた割合は46.1％とある。つまり，目の前で人が倒れ，AED を使って電気

ショックによる除細動を行った場合，およそ半分の者を救えるかも知れない可能性を有していると言える。

一方，見方を変えて，あなたのような一般市民が救命率の向上のためにできることはないかと考えたとき，その1つに病院収容所要時間を短縮させるとういい点はどうだろうか。図2をみると，病院収容所要時間が全国平均で39.4分となっている。病院収容所要時間とは，119番通報を受けてから病院へ収容されるまでに要した時間と定義されている。つまり，救急隊が現場に到着してから，さらに30.8分間の時間が病院に到着するまでにかかっている。一刻も早く救急隊が現場での救命活動を終え病院に向かうこ

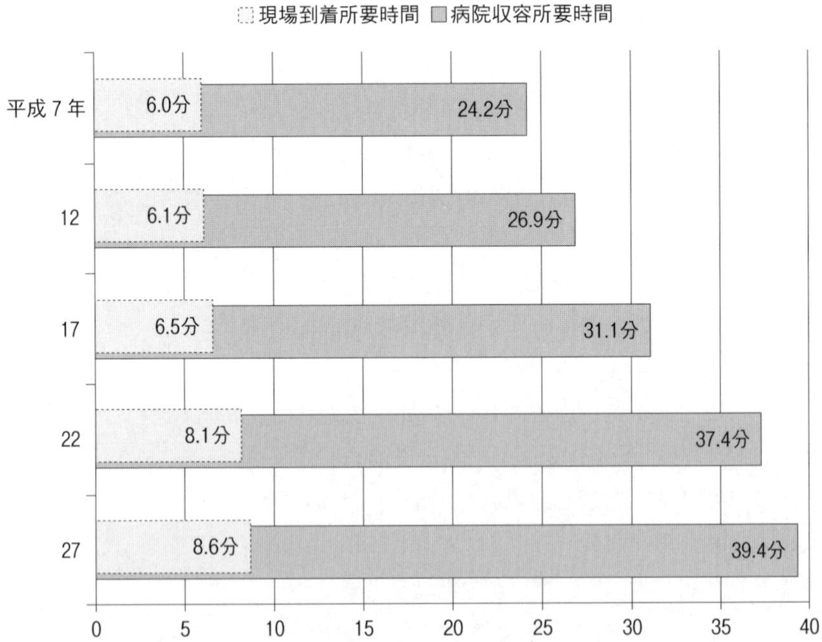

現場到着所要時間 ■病院収容所要時間

	現場到着所要時間	病院収容所要時間
平成7年	6.0分	24.2分
12	6.1分	26.9分
17	6.5分	31.1分
22	8.1分	37.4分
27	8.6分	39.4分

（総務省消防庁「救急・救助の現況」平成28年版より）

図2　現場到着所要時間及び病院収容所要時間の推移

とができれば，さらなる救命率の向上が期待できる
のではないだろうか。そのためには，救命処置と並
行してその場にいる協力者が，傷病者の氏名，年齢，
性別，連絡先，既往歴，時間経過と共に行った処置，
意識の有無，呼吸数，心拍数などをメモに書いてお
けば，救急隊に渡すことで情報収集時間を短縮させ
ことができるのではないだろうか。特に，スポーツ
活動に携わり指導的な立場にある者は，教え子や選
手のそういった情報を既に知っている可能性が高い。

5．救急教育の普及

　小学生の児童が心肺蘇生で父親を救ったという
ニュース報道を目にした。東京都内の小学6年の
男児が，就寝中に突然呼吸が止まった父親に対し，
119番の指令室員の指示通りに心臓マッサージを行
い，奇跡的に命を救ったニュースである（平成21年
8月25日読売新聞）。総務省消防庁の報告（図3）
によると，平成27年の救急車による搬送人員数を
事故発生場所別にみると，住宅で発生した割合が
55.7％で半数を超えていた。次いで，公衆出入場所
が25.9％，道路13.3％となっていた。つまり，心停
止の発生場所は，家庭内で多く起こっていることが
推測できる。このように，心停止の発生場所，心停
止の原因が心疾患である可能性が高いことを考える
と，自宅にいてかつ心停止の家族を助ける可能性が
高いのは子供たちであり，家庭においては子供たち
が救い手になるケースは少なくはないだろう。
　平成24年4月，文部科学省に対して「全ての子供
たちが実技を伴う心肺蘇生の教育を受けることがで
きる環境を整えること」を目標に，学校での心肺蘇

生教育の導入・普及についての共同提言が提出された。この共同提言をした団体は，日本臨床救急医学会，日本救急医学会，日本救急看護学会，日本救急医療財団，救急医療総合研究機構，日本赤十字社，日本小児科学会，日本小児救急医学会，日本心臓財団，日本ライフセービング協会，日本医医師会の11団体であった。以前から，学校での心肺蘇生教育の重要性自体は認識されており，学習指導要領でも既に盛り込まれていたが，実際に子供たちが心肺蘇生を行えるようになるための実践的な教育は，ほとんど普及できていなかった。そこで，この現状を打開するためには，学校現場に心肺蘇生を体系的に普及させることが国として急務であり，心肺蘇生の普及に関わる学術団体や公的機関などと学校との連携に加えて，文部科学省から学校行政への働き掛けを強

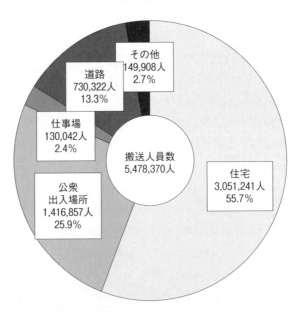

（総務省消防庁「救急・救助の現況」平成28年版より）

図3　救急車による搬送人員数の事故発生場所別の割合

化することにより，学校での心肺蘇生教育を促す施策につながることが期待できる動きの一つと言える。

　さて，スポーツ現場での救急体制を考えると，指導的な立場にある一部の者が一次救命処置を身につけておけば良いのだろうか。倒れた教え子や選手の近くに居合わせるバイスタンダーに指導者が必ずなるのだろうか。そうとは言えないケースも考えられるのではないだろうか。真の安全を考えると，仲間が仲間を守れる関係が築けてこそ，本当に安全で，安心なスポーツライフになるのではないだろうか。自他が共に守り守られる環境整備を指導者にはしてもらいたい。この行動にこそ，我が国の救命率の向上に寄与する可能性を感じる。

6. 身近で遠い AED

　実際に救急処置の授業を受けた児童や生徒たちの感想から，AED を使った実習や救急処置のデモンストレーションに大変興味関心を持っていたことがわかった。我が国では，ほとんどの小中学校への AED の配備が進んでいる。文部科学省の AED 設置状況調査によると，平成25年の幼稚園や特別支援学校を含めた全学校のうち92.2％が「AED を設置している」もしくは「AED の設置を予定している」と回答している。これだけ，学校現場に普及された AED であるが，大事で大切なもの故に，児童や生徒たちは普段の生活で AED に触ったことがなく，しかし，いざというときは，使用しなくてはならないのである。この矛盾を解くことで，本当に命が救える環境に近づくのではないかと感じている。

　とある建物の１階の出入り口に AED が設置され

ていた。AEDと1階フロアーの間は13秒で走って取りにいける距離だった。2階フロアーには21秒，3階フロアーには30秒，階が離れるにつれ時間は延び，最上階の7階フロアーには1分13秒の時間を要した。アメリカ心臓協会のガイドラインによると，電気ショックの成功率は1分ごとに7～10％ほど生存して退院する可能性が低下すると報告している。もしも，7階で人が倒れた場合，一番近い1階のAEDを取りに往復するとおおよそ2分30秒かかり，成功率は約25％低下してしまう。人を救うことは現実に体を動かし行うことである。あなたがスポーツ活動をする場所での救急体制をシミュレーションしてほしい。

7．コラム：龍ケ崎市の取り組み

　茨城県にある龍ケ崎市は，AED配備事業として，県内に先駆けて「コンビニエンスストアへの配備」や「全小中学校に屋外型収納ボックス導入」を実施した。この2つを併用導入する自治体は，全国的にみても珍しい。市民の命を守ることを本当に考えた事業だと評価できる。

　「全小中学校にAED屋外型収納ボックス導入」：市内の全小中学校18校に配備されたAEDを新たに設置した屋外型収納ボックスに移設して保管した。（平成27年3月から運用開始）このことにより，建物の施錠状況に影響されず，24時間365日AEDを使用可能にし，全ての学校施設利用者の救急救命体制の強化とともに，学校周辺に居住する地域の方々が万一の際に活用できるようになった。

　「コンビニエンスストアへのAED配備」：平成25

年10月1日から市内にある24時間営業のコンビニエンスストアの事業者から協力をもらい，市がAEDを設置した。3事業者30店舗に配備されている。このことにより，24時間365日，コンビニエンスストア周辺に居住する地域の方々のAED使用を可能とし，市民の救急救命体制が向上した。

参考文献

総務省消防庁（2016），「救急・救助の現況」平成28年版
日本救急医療財団心肺蘇生委員会（2016），「救急蘇生の指針2015」，へるす社
茨城県龍ケ崎市危機管理室（2016），「龍ケ崎市AED関連事業概要 市公式サイト掲載版」
文部科学省スポーツ・青少年局学校健康教育課（2013），「学校健康教育行政の推進に関する取組状況調査」
アメリカ心臓協会（2012），「AHA心肺蘇生と救急心血管治療のための国際ガイドライン2000」，シナジー

Question

①救急現場におけるバイスタンダーの役割を述べよ。

②あなたが普段スポーツ活動をしている場所から最も近いAEDはどこにあるのか。また，そこへ取りに行って戻ってくるまでに要する時間はどのくらいか。加えて，そのAEDはいつでも取り出せる状態にあるのか。これらのすべてを調べた上で，救命の体制を論じよ。

アスレティックトレーニングを学ぶ

小粥　智浩

1. アスレティックトレーニングとは

　全米アスレティックトレーナーズ協会（The National Athletic Trainers' Association: NATA）においては，アスレティックトレーナーは，医師及び関連する専門職と協力して，高校，大学，プロ競技者の健康管理に当たるだけでなく，近年では広い意味で身体活動を行う人々の健康管理も実践する専門職として，その職業的地位が確立されている。そして，その専門領域が「アスレティックトレーニング」と呼ばれている。内容としては，スポーツ傷害の予防，認識，評価，処置，リハビリテーション，そして選手の健康管理等である。

　日本におけるアスレティックトレーナーの役割としては，「スポーツドクター及びコーチとの緊密な協力のもとに，スポーツ選手の健康管理，傷害予防，スポーツ外傷の応急処置，アスレティックリハビリテーション及び体力トレーニング，コンディショニング等にあたること」とされ，現在日本では表1のように整理されている。また，「アスレティックトレーニング」とされるその専門領域のカリキュラムとしては表2のように示されており，多岐にわたる内容となっている。

《著者紹介》

略　歴
1997年　横浜国立大学教育学部生涯教育課程社会体育コース卒業
1999年　横浜国立大学教育学研究科保健体育専攻終了
1999年　国際武道大学研究生
2002年　国立スポーツ科学センタースポーツ医学研究部・アスレティックトレーナー
2006年　流通経済大学スポーツ健康科学部専任講師
2009年　同大学准教授

主要業績
コンディショニング技術ガイド. 2011年. 文光堂（共著）
公認アスレティックトレーナーテキスト「予防とコンディショニング」2007年. 財団法人日本体育協会（共著）
公認アスレティックトレーナーテキスト「アスレティックリハビリテーション」2007年. 財団法人日本体育協会（共著）
整形・災害外科. 2005年. 金原出版株式会社（共著）

担当科目
トレーナー概論
リハビリテーション理論・実習Ⅰ
リハビリテーション理論・実習Ⅱ
体づくり運動
トレーナー実習

表1　アスレティックトレーナーの役割

1．スポーツ外傷・障害の予防	5．測定と評価
2．スポーツ現場における救急処置	6．健康管理と組織運営
3．アスレティックリハビリテーション	7．教育的指導
4．コンディショニング	

アスレティックトレーナーテキスト①から引用，筆者作表

表2　専門領域のカリキュラム

1．アスレティックトレーナーの役割	6．検査・測定と評価
2．スポーツ科学	7．予防とコンディショニング
3．運動器の解剖と機能	8．アスレティックリハビリテーション
4．スポーツ外傷・障害の基礎知識	9．救急処置
5．健康管理とスポーツ医学	10．スポーツと食事

アスレティックトレーナーテキスト①から引用，筆者作表

2．リコンディショニング・コンディショニング

　アスレティックトレーナーが携わる領域としては図1に示すように，受傷直後から競技復帰までの過程（リコンディショニング），または競技復帰直後の再発や2次的な傷害の予防，パフォーマンス改善の過程（コンディショニング）も含まれる。

　したがって，トレーナーはコンディショニングとリコンディショニングの両者について，正確な知識と技術を身につけることが必要である。

　実際の活動現場では，競技種目や競技レベル，活動環境などによって，スタッフの人数も違えば，役割も異なる。一人ですべての業務を行わなければならない場合もあれば，複数のスタッフで分業する場合もある。一部はコーチが役割を担うケースもある。

いずれにしても，医師も含めスタッフと協力し密に連絡を取り合いながら，図1の過程を遂行することが重要である。また，幅広い知識とスキル，周囲のスタッフとのコミュニケーション能力などが必要とされる。さらに自分自身の得意分野を確立することも重要な要素である。一方，体育・スポーツ系大学のアスレティックトレーナー教育という視点に立てば，医療資格保持者の専門領域であるメディカルリハビリテーションよりも，アスレティックリハビリテーション，コンディショニング＆トレーニングに重点を置くべきといえる。あくまでATがかかわる領域すべてを把握すべきではあるものの，その中でも，体育・スポーツ的な視点での取り組みに強みを持てるATの教育，またはAT的な視点を持つ，コンディショニングコーチや体育教師の輩出も体育・スポーツ系大学の役割の一部と捉えている。

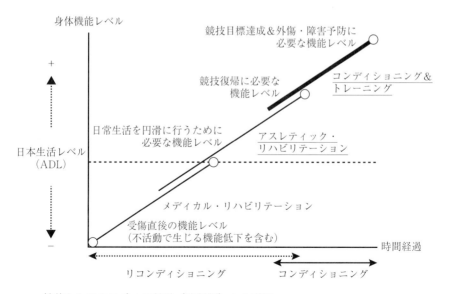

教養としてのスポーツ科学（改訂版）から引用
図1　アスリートの競技復帰やパフォーマンスアップのための過程

3．外傷・障害の原因を探る

　多くのスポーツ外傷・障害では，相手と衝突等を
して受傷するだけでなく，自らバランスを崩して受
傷することも少なくない。また，繰り返し行われる
非効率なフォームによってオーバーユーズをも引き
起こす。スポーツ傷害の中で一番件数が多い足関節
捻挫，また，受傷後手術をして完治するまでには半
年から一年以上かかる膝前十字靭帯損傷においても，
自らバランスを崩して受傷するケースが多くみられ
る。つまり，外傷・障害の予防には，患部を治癒さ
せることだけでなく，バランス不良や動作不良など
の根本的な原因の改善が非常に重要である。怪我を
した際には，怪我をしたその部位が弱い，もしくは
硬いなど患部の機能低下が考えられるが，その根本
的な原因を考えると，患部以外に機能不全があるた
めに，患部を過度に使うことを余儀なくされ，過剰
なストレスがかかりオーバーワークになり，怪我に
つながるケースも少なくない。つまり，患部もしく
は痛みがある場所はあくまで結果であり，原因はそ
れ以外の部位にあることも多い。

　腰痛を例にして取り上げてみる。基本的に身体
の関節の仕組みとして，安定性を保持すべき関節
と可動性を保持すべき関節とが交互に配列されて
いる（股関節は可動性，腰椎は安定性，胸椎は可動
性，肩甲帯は安定性，肩（肩甲上腕）関節は可動
性）。水泳のストリームラインを保持しようとした
際に，肩関節や胸椎の可動性が低下している場合は，
本来安定性を保つ腰椎が，代償動作として伸展（腰
を反る）動作を余儀なくされる。そのような動作で

泳いでいれば，腰にストレスはかかり続けることに
なり，腰周りの筋肉をほぐし，腹筋を鍛えたとして
も一時的によくなるものの，練習を重ねればまた痛
みが出ることにもつながる。そのような際には，肩
の可動性を改善することによって，腰痛が軽減され
ることにつながる。

　したがって，このケースでは，腰の痛みの原因は
肩にあるということになる。このように局所だけで
なく全体を見ることが重要となる。

　局所への治療，リハビリテーションスキルにおい
ては，医学的な専門知識も重要となるものの，全身
へのアプローチにおいては，外傷・障害像を理解し
た上で，体育の分野において学ぶ，バイオメカニク
ス，運動生理学，機能解剖学，トレーニング理論・
実習，リハビリテーション理論・実習，測定評価理
論・実習などを通じて，十分に対応することができ
る。それらの試みが，効率のよい動きの獲得につな
がり，患部へのストレスを軽減し，治癒を促進する
ことにつながる。また，効率良い動きの獲得によっ
て，外傷・障害の予防，再発予防だけでなく，パ
フォーマンスの改善も期待できる。

4．アスレティックトレーニングを学んで

　上記のような知識やスキルは，競技現場で活動す
るプロのアスレティックトレーナーだけにとって必
要なものではない。健康維持増進に貢献するフィッ
トネスインストラクターにおいてはもちろんのこ
と，体育教師やコーチにとっても重要である。日本
のスポーツ界を安全で楽しく健康的なものにするた
めには，トレーナー的な知識をもった指導者が増え

ることが急務である。また，指導する側に立たないとしても，特殊な専門知識としてではなく，自分自身が健康な人生を送る上で必要な教養として，スポーツ・健康を科学する学部の学生として，アスレティックトレーニングを習得していただきたい。

参考文献

日本体育協会編（2007），アスレティックトレーナーテキスト①：アスレティックトレーナーの役割，文光堂.

日本体育協会編（2007），アスレティックトレーナーテキスト⑦：アスレティックリハビリテーション，文光堂.

早稲田大学スポーツ科学学術院編（2011），教養としてのスポーツ科学（改訂版），大修館書店.

Question

①アスレティックトレーナーの役割について説明せよ。

②外傷・障害の予防・再発予防に重要な要素を述べよ。

スポーツバイオメカニクスを学ぶ

高松　潤二

1．スポーツバイオメカニクスとは

　バイオメカニクスの定義には諸説あるが，「生体を対象として，その構造や機能について力学の体系をもとに解析する応用科学」とまとめられるようである。バイオメカニクスの起源についても諸説あるが，イギリスのE. J. Muybridge（1830-1904）とフランスのE. J. Marey（1895-1972）が本格的なバイオメカニクス研究の端緒となっていることはほぼ共通の認識となっている。Muybridgeは，ヒトや動物の動作をシネカメラで連続撮影し，その連続写真を多数公表しており，ヒトや動物の動きを詳細に観察する契機を作った。また，Mareyは，ヒトの足の裏に空気圧型の自作圧力センサを取り付け，移動運動中の足裏に作用する圧力波形を計測した。テクノロジーの発展も手伝って，近年のバイオメカニクスの研究手法はその後大きな発展を遂げているが，現在は，空間座標を特定するための位置計測（画像解析法，電磁波測位，GPSなど）や張力・圧力の測定（歪みゲージ，圧電素子，感圧導電ゴムなど）のほかに，生体信号処理（筋電図，筋硬度など）や計算機技術を応用したコンピュータ・シミュレーションなども行われている。

《著者紹介》

略　歴

1992年　筑波大学体育専門学群卒業

1998年　筑波大学大学院体育科学研究科博士課程修了

1998年　筑波大学体育センター文部技官

2001年　国立スポーツ科学センター研究員

2010年　流通経済大学スポーツ健康科学部准教授

2013年　流通経済大学スポーツ健康科学部教授

主要業績

高松潤二・阿江通良・藤井範久（1998）棒高跳に関するバイオメカニクス的研究：ポール弦反力から見た最大重心高増大のための技術的要因．体育学研究42，(6)：446-460．

高松潤二・阿江通良・藤井範久（1997）大きな計測範囲のためのパンニングDLT法の開発．体育学研究．42（1）：19-29．

担当科目

スポーツバイオメカニクス

スポーツ技術・戦術論

バイオメカニクスの知見や方法は，医学や生物学，工学など他の領域と関連し合いながら広く応用されており，そのなかでスポーツバイオメカニクスは，文字通り「スポーツ」と「バイオメカニクス」が関係づけられたスポーツ科学の一領域である。スポーツ実践者（ヒト）やスポーツで用いられる用具・用品を対象に，スポーツパフォーマンスのうち，特に運動技術に着目してその改善に貢献するための研究が種々行われており，主に以下のような課題意識で取り組まれている。

①運動の記述
　→「その人の動きがどうなっているのか」
②運動の原因の説明
　→「なぜそのような動きになるのか」
③運動の改善や最適化
　→「どのようにしたらもっとうまくなるか」
④運動の創造
　→「ほかにやり方はないだろうか」

2．スポーツバイオメカニクス的研究の例

スポーツバイオメカニクスに関係する研究は，前述のように，基本的には課題解決型の実践的研究が中心である。どのような研究が行われているか，学問上の課題意識に即していくつかの事例を以下に示す。

1）運動の記述

対象となるスポーツ動作がどのようになっているか，その実態を力学的変量によって正確に記述することは，技術の良し悪しを評価するための第一歩

である．そして，同じ変量で記述することで，複数の対象者を比較することが可能となる．図1は，100m走の歴代5位（9.79秒，当時の世界記録）の記録を持つモーリス・グリーン選手の動作を画像解析法により分析し，膝および股関節の屈曲・伸展トルクを算出した結果を示したものである（阿江, 2002）．トルクとは物体を回転させる回転力のことで，関節トルクとは各関節における曲げ伸ばしの力を意味する．図1を見ると，グリーン選手の股関節トルクは膝関節の2～3倍の大きさであることや，股関節の屈曲トルク（膝を前方へ振り出す，いわゆるもも上げ動作の際の力）と伸展トルク（振り出した脚を地面に向かって振り下ろす力）は，最大値で

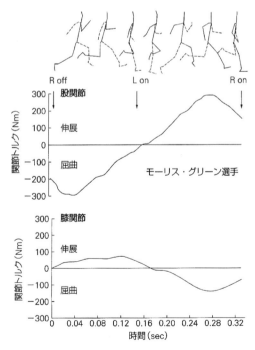

図1　モーリス・グリーン選手の遊脚期における膝および股関節トルクパターン(阿江, 2002)

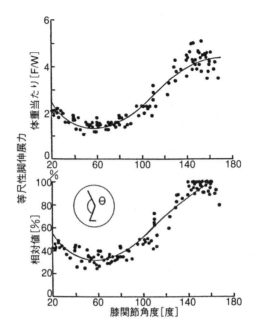

図2 様々な膝関節角度における片足スクワットでの床反力測定値（阿江・藤井, 2002）

比較するとほぼ同じであることなどがわかる。このデータと同じデータを他の選手についても算出することで，一流選手とどこがどのように違うのかを比較することができるようになる。ここに示したデータは，ビデオカメラで撮影された映像から算出されているが，映像を見ただけではわからない情報をこのような分析によって知ることができ，次に述べる「なぜそのような動きや力の発揮をするのか」を説明する際の基礎的な知識として利用できる。

2）運動の原因の説明

優れたパフォーマンスを示すアスリートが，実際にどのような力を発揮しているのかを知ることは，他のアスリートにとって自らのパフォーマンスを改

善する際の重要なヒントになることはいうまでもない。前述のようなデータ（図1）は，実際には足が地面に接している局面のデータを得ることが困難であるため，遊脚期と呼ばれる局面のみのデータであるが，関節トルクは実施者の運動感覚とも比較的近いので，実践場面で活用し易いであろう。しかし，このようなトップアスリートが，なぜそのような動き方をしていたり，力の発揮パターンを示すのかなど，その原因について明らかにすることは，他者と比較するよりも重要である。例えば，股関節の伸展に関与する筋の大きさ（筋量）と屈曲に関与するそれとは，前者のほうが比較的多い。従って，屈曲トルクのほうが身体的な負担度でいえば大きいということになる（場合によってはグリーン選手の屈曲トルクの最大値が図の最大値とほぼ一致しているかもしれない）。そのように考えれば，グリーン選手の股関節屈曲トルクの大きさは注目すべきものであるということがわかる。例えば，図2は，膝関節を20〜170度の範囲で角度を変えて筋力測定（具体的には，片脚スクワットでの最大挙上力を測定）したもので，これをみると140〜160度付近が最も大きな出力を示し，逆に角度60度のあたりで最も力が出ないということがわかる（これをデッドポイントという場合もある）。このような人体の出力特性について広範に知識を得ることができれば，「そのような動作になっているのはなぜなのか」を考える際の重要な裏付けを与えてくれる。

3）運動の改善や最適化

　運動の実態を把握し，かつ，その原因について説明できるようになると，今度は具体的にどのように

すればパフォーマンスを改善できるかを検討することになる。その場合，現在までに明らかになっている力学法則の知識や前述した人体の諸特性を考慮した上で，よりよい身体の動かし方を論理的に推論したり，コンピュータの力を借りるなどして得られたシミュレーションの結果をもとに考えるなどが必要となる。図3は，スポーツ動作を対象としたコンピュータ・シミュレーションの古典といえる研究の例を示したもので，対象は走幅跳の踏切局面である (Hatze, 1981)。図3の各局面の左上に示されている数字はシミュレーション開始からの経過時間を示したもので，わずか0.1秒前後の時間範囲を対象としている。この研究では，飛距離が最大になることを目的関数（この用語の意味については解説を省略する）とし，踏切でどのように身体を動かせば跳躍距離を最大化できるかコンピュータ上で計算した結果，図3のような動きになったという。この結果をもとに，ある走幅跳選手を対象としてトレーニングにより動作を改善したところ，それまで走幅跳の平均記録が6.58mだった選手が平均で7.12mまで向上したとのことである。図3にみられるように，走幅跳について多少の知識を有するものがこれを見れば，違和感を覚えるのでは無かろうか。しかし，こ

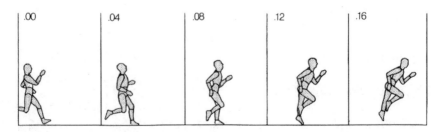

図3　走幅跳の踏切局面のコンピュータ・シミュレーション（Hatze, 1981）

の計算結果から得られたことをヒントに動きを改善することが実際に役立ったということであり，シミュレーション法の可能性を感じさせる研究である。このような劇的な効果がいつも期待できるとは限らないであろうが，いずれにしても動作の改善方針を決定する際の重要な情報となり得るということは間違いないであろう。場合によっては，それまで考えもしなかったような突拍子もない動作が計算結果として出力されないとも限らないのはいうまでもない（このことは次の「運動の創造」につながる）。

4）運動の創造

　ここまでのステップが，スポーツバイオメカニクスの得意とする範囲である。ここから先は，ある意味で科学（science）と技芸（art）の境界領域といえる。前述したコンピュータ・シミュレーションは，特定の条件下で計算された結果であり（例えば，各関節トルクの最大値を制限したり，空気抵抗を無視したり，など），実際のヒトが同じように動けるとは限らない。また，ヒトには個人差（生まれつきの差や，それまでの成育歴から来る差などいろいろある）というものがある。そのため，本当に最適な運動の仕方なのかどうかは確定的には言えない場合が多い。そこで，スポーツ実践者や指導者の運動経験も加味した，発想を180度転換するような奇抜なアイデアによって全く別の運動の仕方が作り出されることがある。体操競技などではこのような運動の創造的な開発が頻繁で，かつ競争を勝ち抜いて行くには不可欠の要素であろう。他のスポーツにおける典型的な具体例としては，走高跳の跳び方がはさみ跳びからベリーロール，さらに背面跳びに変化して

いったことを挙げることができる。

3．スポーツバイオメカニクスを学ぶことの意義

　以上，いくつかの事例を示しながらスポーツバイオメカニクスについて概要を説明した。これらの研究が目指すものはそれぞれの課題意識に深く関係づけられているが，まとめとして，以下にスポーツバイオメカニクスを学ぶことの意義について述べる。

1）運動の構造に関する理解の深化

　われわれスポーツ実践者がスポーツパフォーマンスを改善する上で第一に注目することは，その運動技術が正しいのかどうかであろう。しかし，そのためには，その運動の力学的・バイオメカニクス的な背景を最低限知っておく必要がある。例えば，高く跳ぶためには膝をどのくらい曲げればよいのか，跳び方によって膝の曲げ方には差が出てくるのかといった疑問には，図2に示したような膝関節の力発揮特性を知っておくことが必要であろう。当然，このような特性は，個人の運動経験によって概ね把握することは可能であるが，仮に指導者として選手や生徒の技術を改善すべき立場になった場合には，個人差のことも考慮の範囲に入れなければならなくなる。そのためには，その技術の良し悪しを考えるための基礎的知識がどうしても必要になる。

2）よりよい技術とその習得法の究明

　運動の力学的・バイオメカニクス的構造がある程度わかれば，具体的にどのような動きの改善が必要であるのか，その理想となる動きのモデルを仮説的

にでも明確にすることができよう（この「理想のモデル」が技術と呼ばれる）。そして、その技術を獲得するための方法や手順、すなわちトレーニングをデザインすることとなる。ただし、相手は人間であり、それまでの来歴や日々のコンディションにより、動きの改善がうまくいくこともいかないこともあろう。このような技芸としての知と、ここまで述べてきた科学としての知をバランスよく適用することが、優れたコーチングと呼ぶのかもしれない。

　以上のように、スポーツバイオメカニクスは、スポーツ実践者のみでなく、スポーツのコーチや指導者にとって不可欠の基礎的知識である。多くの資格制度（スポーツコーチ、トレーナー、運動指導士など）において必修科目になっているのはそのためである。

参考文献

阿江通良・藤井範久（2002）スポーツバイオメカニクス20講．朝倉書店：東京．

阿江通良（2002）関節力およびトルクパワーからみたモーリスグリーンの短距離走法．体育の科学，52(9)：715-720.

Hatze, H. (1981) A comprehensive model for human motion simulation and its application to the take-off phase of the long jump, J. Biomechanics, 14(3): 135-142.

Question

　陸上競技における走り高跳びでは、歴史的に様々なバークリアランスの仕方が開発されてきた。現在の主流は背面跳びであるが、もし背面跳びよりも優れたバークリアランス技術があるとすれば、どのような跳び方であろうか？バークリアランス中の跳躍者の姿勢を絵で示すとともに、あなたがそのように考えた理由を論理的に説明しなさい。

スポーツ栄養学を学ぶ

膳法亜沙子

1. はじめに

　健康で強くなるために特殊な食品やサプリメントの種類を学ぶこと，筋肉質な体をつくるためにタンパク質やアミノ酸のみを意識し，スーパーフードについて学ぶことがスポーツ栄養学だ！と誤解する者がいる。2003年に発表された国際オリンピック委員会によるスポーツ栄養に関する合意声明では，"普通に入手できる多くの種類の食品から適切なエネルギー量を摂取すれば，トレーニングや競技に必要な炭水化物，タンパク質，脂質，そして微量栄養素の必要量を摂ることができる"ことが述べられている。すなわち，健康や運動パフォーマンス向上のためにこれさえ摂れば食事バランスを考えなくてもよいとする"スーパーフード"は存在せず，日常における食事バランスや食事量を適切に維持・管理することが基本であり，最も大切である。

　スポーツ栄養学は，アスリートの競技種目に適した体づくりおよびパフォーマンス向上のための栄養管理として重要であるとともに，すべてのヒトの健康維持・増進のために大切な学問である。「健康」とは，病気でないとか，弱っていないということではなく，肉体的にも，精神的にも，そして社会的に

《著者紹介》
略　　歴
2006年　東邦大学理学部生物学科卒業
2009年　筑波大学大学院修士課程体育研究科スポーツ科学科修了
2009年　日本学術振興会特別研究員DC1（～2011年）
2011年　筑波大学大学院博士後期課程人間総合科学研究科スポーツ医学専攻修了
2011年　日本学術振興会特別研究員PD（～2014年）
2014年　流通経済大学スポーツ健康科学部講師
2016年　流通経済大学スポーツ健康科学部准教授

主要業績
Zempo-Miyaki A, Fujie S, Sato K, Hasegawa N, Sanada K, Maeda S, Hamaoka T, Iemitsu M. (2016) Elevated pentraxin 3 level at the early stage of exercise training is associated with reduction of arterial stiffness in middle-aged and older adults. *J Hum Hypertens* 30 (9): 521-526.

膳法（宮木）亜沙子，蘇リナ，熊谷仁，田中喜代次，下條信威，前田清司．(2014) 肥満男性における食事改善，有酸素性運動，食事改善と有酸素性運動の併用が中心および末梢動脈スティフネスに与える影響．*体力科学* 63: 333-341.

Zempo-Miyaki A, Maeda S. Your choice could determine

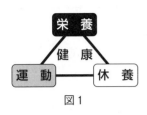

図1

も，すべてが満たされた状態であると，世界保健機構により定義されている。このような「健康」を保つために欠かせない3つの要素がある（健康の三原則）。その3つの要素とは，栄養・運動・休養である（図1）。アスリートのみならず，すべてのヒトにとって「健康」を維持することは，大切である。そのためには，日常生活におけるこれらの3つの要素をバランスよく保つことが重要である。

2．スポーツ栄養学とは

スポーツ栄養学という学問は，新たに特別なことを学ぶ学問ではなく，生物学，化学，生化学，解剖生理学などの基礎的学問に栄養学や運動生理学などの知識を利用，応用した学問の一つである。スポーツ栄養学を学ぶことにより，人々が健康を維持増進するために適切な食生活や運動習慣について知ることができる。また，アスリートが試合において自身の持つ能力を最高の運動パフォーマンスとして試合で発揮するために必要な体づくりやコンディショニングに適切な食事について学ぶことができる。加えて，スポーツ現場で生じうる怪我や故障の予防・回復および日々のトレーニングや連日の試合による疲労を迅速に回復させるのに役立つ食事や栄養素について学ぶこともできる。

3．スポーツ栄養学の歴史

スポーツ栄養学の学問分野としての歴史は非常に浅い。"スポーツ栄養学"という言葉そのものが使われ始めたのは，1990年代に入ってからとされ

your life expectancy: Lifestyle and Arterial stiffness. (2014) Mediterranean Diet and Dietary Therapies. Nova publishers. Chapter 3, 91-104.

Miyaki A, Maeda S, Choi Y, Akazawa N, Eto M, Tanaka K, Ajisaka R. (2013) Association of plasma pentraxin 3 with arterial stiffness in overweight and obese individuals. *Am J Hypertens* 26 (10):1250-1255.

Miyaki A, Choi Y, Maeda S. (2013) The effect of pentraxin 3 levels in the adipose tissue and the skeletal muscle of diabetic-obese mouse. *Am J Med Sci* 347 (3):228-233.

Miyaki A, Maeda S. (2012) Arterial Stiffness and Lifestyle Modification. *J Physical Fitness Sport Med* 1:205-210.

Miyaki A, Maeda S, Choi Y, Akazawa N, Tanabe Y, So R, Tanaka K, Ajisaka R. (2012) The addition of whole-body vibration to a lifestyle modification on arterial stiffness in overweight and obese women. *Artery Res* 6:85-91.

Miyaki A, Maeda S, Choi Y, Akazawa N, Tanabe Y, Ajisaka R. (2012) Habitual aerobic exercise increases plasma pentraxin 3 levels in middle-aged and elderly women. *Appl Physiol Nutr Metab* 37: 907-911.

Miyaki A, Maeda S, Yoshizawa

る。当該学問の礎を築いたのは，1939年のクリステ
ンセンとハンセンが発表した糖質食を摂取すると持
久性競技力は高まる，という研究報告である。その
後，実践的な研究がなされ，トレーニングによる疲
労回復や試合前の糖質食の有効性について解明され
た。特に，我が国におけるスポーツ栄養学発展の契
機になったのは，1964年の東京オリンピック大会で
ある。当時，長距離競技者における貧血（スポーツ
性貧血）が多く認められており，この解決策として
タンパク質の積極的な摂取により貧血を予防できる
ことが研究により示された。この研究をもとに日本
体育協会は，日本人アスリートの競技力向上のため
には食事を大幅に改善する必要性があることを指摘
し，専門家により「スポーツ選手の食事ガイド」が
作成されたのである。このように我が国におけるス
ポーツ栄養学は，発展してきたのである。

アスリートに限らず，すべてのヒトの健康のため
には，身体活動と栄養摂取に関わるスポーツ栄養学
の知識を普及することが有用である。我が国では，
1950年〜1960年頃に国民の食生活が安定し，国民全
体の栄養状態が改善されるとともに，科学技術の進
歩により家電製品が充実するようになった。このよ
うな豊かな時代への移行は，国民を家事労働から解
放した。これにより人々の暮らしにおいて，これま
で家事労働に費やしていた活動エネルギー量が減少
し，生活全体の身体活動量が減少したのである。さ
らに，食の欧米化により肥満が多く見られるように
なり，生活習慣病予防を踏まえた健康栄養学も重視
されるようになった。以前より人々の疾患予防に
食の改善が重要であることは知られていたが，我が
国においては，1978年から国民健康づくり運動が推

M. Misono M. Saito Y. Sasai H. Endo T. Nakata Y. Tanaka K. Ajisaka R. (2009) Effect of weight reduction with dietary intervention on arterial distensibility and endothelial function in obese men. *Angiology* 60: 351-357.

Miyaki A. Maeda S. Yoshizawa M. Misono M. Saito Y. Sasai H. Kim MK. Nakata Y. Tanaka K. (2009) Effect of habitual aerobic exercise on body weight and arterial function in overweight and obese men. *Am J Cardiol* 104: 823-828.

担当科目
スポーツ栄養学

進されるようになった。2013年からは，健康日本21
（第二次）として取り組みがさらに強化された。近
年，人々の健康維持増進のために運動（身体活動）
の必要性が重視されるようになったのである。特に
運動に関する指針（健康づくりのための運動指針）
が1993年に策定され，現在もこの指針をもとに次々
と新たな科学的知見に基づく改定がなされている。
最近では，2013年に健康づくりのための身体活動基
準2013および健康づくりのための身体活動指針（ア
クティブガイド）がとりまとめられた。現在は，子
どもから高齢者にいたるまで，さらには健康な人に
限らず，生活習慣病患者やその予備軍など幅広い層
に対する日常的な身体活動のあり方について運動実
施時間や運動強度など具体的な目標についても言及
されるようになった。このように現在では，スポー
ツ現場に限らず，国民の健康管理としてのスポーツ
栄養学も注目されている。

4．スポーツ栄養学研究の役割

　スポーツにおける各種競技にはそれぞれ適した体
格がある。例えば，陸上投てき種目，ウェイトリフ
ティング競技，ラグビーのフォワードなどのポジ
ションにおけるアスリートにとっては，体格が大き
く筋力の強い選手の方が競技に勝つ上で有利である
ため増量が重要である。一方，陸上長距離種目，新
体操などのアスリートにとっては，体脂肪量が少な
く，軽量である方が競技に勝つ上で有利であるため
減量が重要である。このように競技（ポジション）
特性に応じた体づくりのための日常的な食事コント
ロール法について効果的な方法を研究することがス

ポーツ栄養学研究の果たす役割の一つである。また，トレーニングや試合において疲労した身体を次のトレーニングや試合までに回復させるために効果的な栄養素を探求し，その最適な摂取量および摂取タイミングについて明らかにすることもスポーツ栄養学研究が果たすべき役割の一つである。日常的に摂取する食品から五大栄養素（炭水化物，たんぱく質，脂質，ビタミン，ミネラル）をバランスよく，かつ十分量摂取することはアスリートの体づくりや競技パフォーマンス向上のための基本である。しかし，アスリートは，身体活動量が非常に高いため，日常的な食事のみからでは必要な栄養素を十分量摂取できない場合がある。また，試合前の緊張により普段通り食事を摂取することが困難になる場面がある。このように不足する栄養素を一時的に補うには，サプリメントを活用することが効果的である。アスリートにおけるサプリメントの効果的な利用方法（いつ，どのくらい）を明らかにすることもスポーツ栄養学が果たすべきことである。

　一方，非アスリートに対してもスポーツ栄養学が果たす役割は大きい。例えば，成長とともに骨量や骨格筋量は増大するが，25～30歳頃以降，減少に転じる。加齢にともなう骨量や骨格筋量の減少は，やがて自立した生活を送ることを困難にさせ，高齢期に寝たきりのリスクを高める。また，我が国における死因の上位を占める心血管疾患の原因である動脈硬化性疾患は，加齢にともないその罹患リスクが高まる。このように加齢とともにヒトのさまざまな生理機能は低下する。しかし，このような加齢にともなう生理機能の低下は，普段の食生活や運動習慣を改めることにより軽減できる可能性がある。不適切

な食生活や運動不足により肥満を生じるため，肥満は加齢にともなう生理機能の低下を加速させる。以上のことから，生涯にわたり自立した健康な生活を送るために適切な食事や運動習慣に関する知識を身につけ，その知識を活用・実践することが望ましい。超高齢化社会に突入した我が国において健康で自立した高齢者を増やすためにもスポーツ栄養学研究が果たす役割は大きいのである。

5．スポーツ栄養学研究の最前線

　健康維持やパフォーマンス向上のための食事方法や運動方法に関する３つの研究を紹介する。

１）中高齢者におけるラクトトリペプチド摂取と習
　　慣的運動の併用が動脈硬化度を低下させる！
　本研究は，ラクトトリペプチド（以下，LTP）という酸乳（チーズ，ヨーグルトなどの発酵乳製品）に含まれる３種類のアミノ酸が結合したペプチド由来のサプリメントが動脈硬化度に与える影響について検討した報告である。この研究以前からウォーキングなどの習慣的な有酸素性運動の実施が動脈硬化度を低下させることが明らかであった。本報告では，運動実施による動脈硬化度の低下効果とLTP摂取による動脈硬化度の低下効果を比較検討している。中高齢女性55名を４つのグループ（①LTP摂取単独群，②運動単独群，③LTP摂取＋運動群，④非介入群）に群分けし，それぞれの試行を12週間実施した。この結果を図２に示す。非介入群に比べてLTP摂取単独群と運動単独群は，同程度動脈硬化度が低下した。さらに，LTP摂取＋運動群は，そ

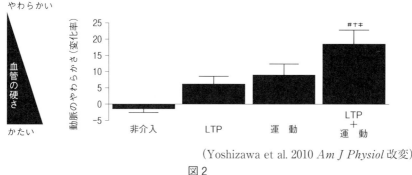

(Yoshizawa et al. 2010 *Am J Physiol* 改変)
図2

れぞれの単独群よりもさらに動脈硬化度が低下した。このことから，LTP摂取や運動を単独で介入するよりもそれらを併用する方が動脈硬化の低下に有効であることが示されたのである。

2）若年者におけるクルクミン摂取が一過性の高強度筋運動にともなう筋損傷を軽減させる！

　本研究は，カレーの香辛料の一つでウコンの主成分であるクルクミンというポリフェノール成分の摂取が高強度の筋運動よりに生じる筋損傷を軽減する可能性について報告した研究である。ヒトの骨格筋中に存在するクレアチンキナーゼ（CK）は，激しい運動を行うことにより，骨格筋組織から血液中に漏出し，運動を実施した2，3日後に血中に高濃度検知される。血中CK濃度の増加は生体内において筋損傷が生じたことを意味することから，血中筋損傷指標として広く臨床現場において利用されている。健康な男子大学生10名において，①一過性の高強度筋運動を行うだけの条件と②運動直前および直後にクルクミンを摂取した上で一過性の高強度運動を行う条件の2試行を同一被験者に実施した。この2条件の結果を比較すると，クルクミン摂取条件におい

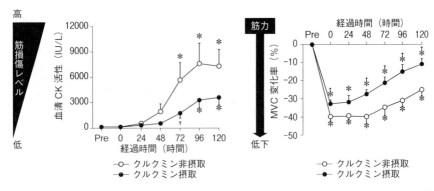

(Tanabe et al. 2015 *Eur J Appl Physiol* 改変)

図3－A　　　　　　　　　図3－B

て運動後3〜5日後の血中CK濃度の増大が抑制された（図3－A）。また，運動後2〜5日後に生じる筋力低下もクルクミン摂取により軽減された（図3－B）。この結果は，高強度の運動を行う際にクルクミンを摂取すれば，運動による筋損傷を抑制し，それにともなう筋力低下を軽減できる可能性を示している。すなわち，クルクミン摂取が運動による筋疲労効果を軽減するのに有用な成分である可能性を示したのである。

3）肥満者における食事改善や習慣的な運動の実施は動脈硬化度を低下させる！

　肥満者の動脈硬化リスクは非肥満者に比べて高いとされるが，肥満者が減量すると動脈硬化リスクを軽減させることができる。減量方法にはさまざまな方法があるが，特に食事改善や運動の習慣的実施により，それぞれの方法が肥満者の動脈硬化リスクを非侵襲的に低下させることが確認されている。本研究は，異なる減量方法として食事改善と習慣的な運動が肥満者における動脈硬化度の低下に与える影響

の違いを比較した報告である。30〜60歳代の男性52名を3つのグループ（①食事改善単独群，②運動単独群，③食事改善＋運動群）に群分けし，それぞれの試行を12週間実施した。各介入後における体重減少量は，食事改善＋運動群において平均12kg，食事改善単独群において平均8 kg，運動単独群において平均3.5kg であった。このように各条件下で体重減少量が異なっていたが，食事改善単独群と運動単独群の動脈硬化度は同程度低下した（図4）。このことから食事改善と運動が肥満者の動脈硬化度を改善させるメカニズムはそれぞれ異なる可能性が示唆される。また，食事改善単独群よりも運動を組み合わせた食事改善＋運動群の方が動脈硬化度は大きく低下した（図4）。以上のことから，本研究は，肥満者における動脈硬化予防のための減量としては，食事改善と運動を両方実施することが重要である可

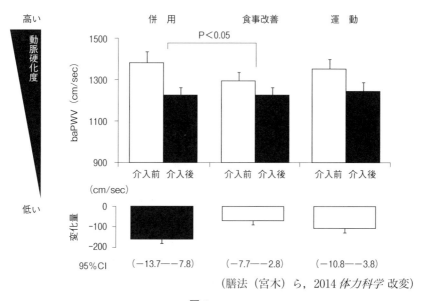

図4

能性を示している。

これらの研究の共通点として，人々の健康づくりのために食事改善や運動を併用することが有用であることがあげられるだろう。

6．まとめ

これまでの研究から人々の健康を維持増進させるために適切な食事法や運動方法が明らかになりつつある。また，アスリートが試合において最高のパフォーマンスを発揮するための食事法として，いつ，どのような食事を摂取することが効果的であるか？についても研究が進んでいる。しかし，スポーツ栄養学の学問としての歴史はまだ浅く，発展途中である。健康維持やパフォーマンス向上のために検討すべき課題は多く，今後さらに研究や現場での実践を重ねていく必要があるだろう。これからスポーツ栄養学を学ぶ者は，これまでに明らかにされた知見を理解した上で，各自のライフスタイルに応じて活用することを目指してほしい。

参考文献

坂元美子編（2013），はじめて学ぶ　健康・スポーツ科学シリーズ6　スポーツ・健康栄養学，化学同人

健康づくりのための身体活動基準2013，厚生労働省

Yoshizawa M, Maeda S, Miyaki A, Misono M, Choi Y, Shimojo N, Ajisaka R, Tanaka H. (2009), Additive beneficial effects of lactotripeptides and aerobic exercise on arterial compliance in postmenopausal women. *American Journal of Physiology* 2009; 297 (5): H1899-H1903

Tanabe Y, Maeda S, Akazawa N, Zempo-Miyaki A, Choi Y, Ra SG, Imaizumi A, Otsuka Y, Nosaka

K. (2015), Attenuation of indirect markers of eccentric exercise-induced muscle damage by curcumin. *European Journal of Applied Physiology* 2015; 115 (9): 1949-1957

膳法（宮木）亜沙子，蘇リナ，熊谷仁，田中喜代次，下條信威，前田清司（2014），肥満男性における食事改善，有酸素性運動，食事改善と有酸素性運動の併用が中心および末梢動脈スティフネスに与える影響，*体力科学* 2014; 63 (3): 333-341.

Question

①アスリートにとってサプリメントが必要になる場面とは？

②アスリートにおける減量と非アスリートにおける減量の共通点および相違点とは？

スポーツ人類学を学ぶ

田簑健太郎

1. はじめに―スポーツ人類学とは

　スポーツ人類学とは，スポーツ科学と人類学との対話から生まれた新しい学問分野である。人類学といっても，スポーツ人類学は「スポーツ文化」を対象に研究を行うため，自然人類学，考古学，言語学，文化人類学の中でもとりわけ，文化人類学の理論と方法が重要となる。

　しかし，文化人類学では，マルセル・モース（Marcel Mauss）の提唱した「身体技法」論はあるものの，スポーツやそこにかかわる技術については基本的に注目されてこなかった。これは，スポーツそのものが長い間「単なる遊び」として捉えられ，学問対象と成り得なかった歴史的事情から，スポーツそのものを人類学的に研究することがこれまで活発に行われてこなかったからである。

　こうした事情から，スポーツ人類学研究が開始されたのは遅く，日本では1988（昭和63）年に『スポーツ人類学入門』（大修館書店，1988.2）が出版されたのが初めてである。しかしながら，学問としての定着は意外に早く，同年には日本体育学会にスポーツ人類学専門分科会（現在は，スポーツ人類学専門領域）として承認・設置され，1998（平成10）

《著者紹介》

略　歴
1991年　日本体育大学体育学部体育学科卒業
1993年　日本体育大学大学院体育学研究科（修士課程）修了
2009年　日本体育大学大学院体育科学研究科博士後期課程研究生修了
2006年　流通経済大学スポーツ健康科学部助教授
2007年　流通経済大学スポーツ健康科学部准教授
2013年　流通経済大学スポーツ健康科学部教授

主要業績
石井隆憲・田里千代編著：『知るスポーツ事始め』明和出版，2010.6
石井隆憲編著：『スポーツ人類学』明和出版，2004.9
寒川恒夫編著：『教養としてのスポーツ人類学』大修館書店，2004.7
田簑健太郎：「スポーツ人類学における〈スポーツ〉の理解」流通経済大学スポーツ健康科学部紀要 Vol.1, 2008.3, pp.71-78
田簑健太郎：「研究の社会的還元とスポーツ人類学」流通経済大学スポーツ健康科学部開校記念論文集，2007.3, pp.189-203
田簑健太郎：「『民族スポーツ』と『伝統スポーツ』概念の検討」スポーツ科学研究第5号，2005.3, pp.31-38

担当科目
スポーツ人類学

陸上競技
ニュー・スポーツ実習
スキー・スノーボード実習

年には，日本スポーツ人類学会が設立された。こう
して日本にスポーツ人類学という学問が新たに加
わったわけであるが，他の学問に比して，若い学問
であるといえよう。

とはいえ，日本に「スポーツ人類学」が初めて登
場してから25年が経過し，この間，多くのスポーツ
人類学研究が蓄積されてきた。

それらを簡単にまとめると，研究対象として
は，伝統的社会（traditional society）や未開社会
（primitive society）で行われている民族固有のス
ポーツ。そして，競馬（くらべうま）や闘牛などを
アニマルスポーツ。さらには，世界選手権大会やオ
リンピック種目などの競技スポーツ（近代スポー
ツ）まで幅広く行われてきた。

加えて，研究の関心は，記録することから，文化
変容，観光化，近代化など多岐にわたって進められ
てきたといえる。

当然のことながら，文化人類学の研究方法である
「フィールドワーク（Field Work）（参与観察，現
地調査）」を駆使しながら，研究者たちは，直接，
現地で研究を行ってきたのである。

2．スポーツ人類学を学ぶために

まず，スポーツ人類学を学ぶために，以下の事柄
について，知っておく必要がある。

1）文化人類学を知る

先に述べたように，スポーツ人類学は「スポーツ
文化」を対象に研究を行うため，自然人類学，考古
学，言語学，文化人類学の中でもとりわけ，文化人

類学の理論と方法が重要となる。

つまり，文化人類学がどのような研究を行っており，どのような方法をとってきたのかについて，知ることが必要不可欠と言ってよい。

文化人類学を知るためには，以下の書籍をまず最初に読むと良い。

・綾部恒雄著：『文化人類学15の理論』中央公論新社，1984.9

・綾部恒雄編：『文化人類学20の理論』弘文堂，2006.12

・佐藤郁哉著：『フィールドワーク―書をもって街へ出よう』新曜社，2006.12

２）スポーツ科学としてのスポーツ人類学

スポーツ人類学は，人類学の方法を援用しながら，研究を進める一方，スポーツ科学の一領域でもある。

つまり，これまでのスポーツ科学の研究蓄積を無視して，独自にスポーツを対象とした研究を行うことはありえないのである。

人文科学，社会科学，自然科学の３領域にまたがって構成される総合科学としてのスポーツ科学は，これまで非常に多くの研究を蓄積している。また，そこで行われてきた研究テーマも時代・社会の変化とともに，多様になり，非常に広範囲である。

そうした研究蓄積の中でも特に，スポーツ史やスポーツ運動学，スポーツ方法学は，スポーツ人類学を行う上で，示唆に富むとともに多くの視点を与えてくれる。

したがって，スポーツ人類学を学ぼうとする者は，スポーツ科学についても，その多くの成果を知る必要があるといえる。

3）フィールドワーク―体験する・観察する

スポーツ人類学の特徴の一つは「フィールドワーク（Field Work）（参与観察，現地調査）」にある。フィールドワークとは，研究者が直接，現地に赴き，自分自身で見聞きしたことや経験したことをフィールドノートに書き留める作業のことである。

とくに，スポーツが実施される場においては，研究者自らがそこへ参加して，経験することで多くのことがわかる。

例えば，相撲に参加することによって，決まり手がよくわかるし，チンロン（Chinlone）（ミャンマー連邦共和国の民族スポーツ）に参加することで，蹴り方やルール，材質についてよくわかる。

また，現地で生活をすることにより，現地の人々の生活リズムや気候，風土，習慣などを理解することができる。これは，大変重要なことで，民族スポーツが気候，風土，習慣などを基盤として成立している以上，これらの理解を通して，深く民族スポーツを理解することができるといえる。

とはいえ，何でもかんでも記述すれば良いのかというと，そうでもない。記述することは，非常に重要であるが，ノートに書かれた記述をまとめる「視点」が必要となる。

4）分析する

フィールドワークで得られた資料（フィールドノートを中心とした資料）は，そのままでは，単なる情報に過ぎず，得られた資料は分析することで，はじめて「語り始める」のである。

研究者は，現地で実施されているスポーツがどの

ような構造を持ち，どのように機能しているのか，
はたまたスポーツが何を象徴しているのか，様々な
視点で分析を行うのである。

　例えば，沖縄で行われている大綱引きは，雄綱
（おずな）と雌綱（めずな）をつなぎ合わせ，引っ
張り合うことで綱引きとして完成するが，綱をつな
ぎ合わせることは，男女の性的結合を意味し，豊穣
儀礼として行われている。

　これを，制度として分析するのか，運営組織を分
析するのか，それとも綱の象徴について論ずるのか，
それ以外のまったく違った視点で分析するのかは，
研究者の問題意識（仮説）によって決められるので
ある。

3．スポーツ人類学の研究動向

　近年のスポーツ人類学は，社会変化も早く，文化
人類学の研究動向（流行）を追っている感じはある
が，そうした中でも以下の4つについて紹介したい。

1）伝統スポーツ，民族(民俗)スポーツの研究

　我が国では，1954（昭和29）年に今村嘉雄によっ
て書かれた『スポーツ民族学』以降，1988（昭和
63）年に日本体育学会に13番目の専門分科会として
スポーツ人類学専門分科会が設置されるまで，本格
的なスポーツ人類学研究は行われてこなかった。

　しかし，1988（昭和63）年以降，それまでスポー
ツ史を専門としていた研究者の注目を浴びることに
なり，多くのスポーツ史研究者がスポーツ人類学に
足を踏み入れることとなった。その理由の大きなも
のとして，相対年代を明らかにすることができる文

化人類学的研究方法があげられよう。

　これは，文字資（史）料が残されていない社会において，口頭伝承を資（史）料として扱う文化人類学的研究方法をスポーツ人類学が用いてきたことに大きな要因といえる。これによって，史料では埋めることの出来なかった時代・社会の概略が明らかにされたからである。

　現在でも，伝統スポーツ，民族（民俗）スポーツを研究対象とした研究は非常に多く，スポーツ人類学研究の中心にあるといえる。

　さらに，マリノフスキー（Malinowski, B.K.），ラドクリフ・ブラウン（Radcliffe-Brown, A.R.）やレヴィ・ストロース（Levi-Strauss），C.ギアツ（Geertz, C）などの文化人類学者の研究対象がいわゆる未開社会に焦点を当てたものであったことは，現在のスポーツ人類学にも大きな影響を与えているといえよう。

2）「わざ」の研究

　日本体育大学の石井隆憲教授によって，中国で実施されている相撲を研究対象としたものである。

　この研究では，現地の人々が当然のこととして認識している「わざ」をひとつひとつ分析して，現地の人々がどのように投げ技を認識しているのかについて明らかにしている。さらに，そこでは，自ら相撲をとることで「わざ」を理解し，わざの類型化を行っている。こうした研究は，まさにスポーツ人類学がスポーツ科学と人類学の接点から生まれていることを証明するものであり，大変興味深いものといえる。

3）観光とスポーツの研究

　近年，多くの観光客を集めることを目的に，スポーツが観光資源として位置づけられている事例が見られる。

　例えば，インドネシアのバリ島のケチャ（kecak）は，ドイツ人画家，ヴァルター・シュピースの提案により「芸能化」が進められ，1950〜60年代頃には，一般に観光向けに上演される舞踏劇としての様式が確立したのである。つまり，観光のための舞踊がここに創られたのである。そして，世界中の人々は，インドネシアを訪れるとケチャをバリ島の伝統舞踊ととらえ，そこに醸し出される雰囲気に酔いしれるのである。また，タイ王国（以下，タイ）のムエタイ（Muay Thai）は，スポーツとしてではなく賭けの対象として，試合に熱中している観客も数多い。しかも，試合会場に入るための入場料は，タイ人と外国人では大きく異なり，外国人客を対象に収入を見込んでいるといえる。

　つまり，スポーツを「観光資源」として捉え，「観光資源化」することで，観光客を呼び込む（誘致）のである。

4）通時的研究

　スポーツ史研究とは若干異なり，現存しない我が国の女相撲や過去に行われていたスポーツを人類学的視点から研究するものである。

　とくに，我が国におけるスポーツ人類学の成立過程から，スポーツ史を専門としている研究者が多かったため，スポーツの歴史的関心は非常に高い。そのため，現在でも多くの研究者がこうした視点で

研究に取り組んでいる。

しかし，一方で，スポーツ史の学問体系が確立しているため，通時的研究を行おうとした時には，扱われる資（史）料の取り扱いについては，いうまでもなく，スポーツ史研究の方法論を看過することはできない。別言すれば，恣意的に資（史）料を用いて，過去の再構成は許されないのである。

4．スポーツ人類学を学ぶ意義

スポーツ人類学を学ぶ意義は多様であるが，その中でも異文化理解と自文化理解について取り上げる。

1）異文化理解

海外旅行に行った人なら誰でも一度は「カルチャーショック」を受けたことはあろう。とりわけ，近代文明が発達した地域（欧米以外）以外の国々に足を踏み入れると，臭い，食生活，習慣，服装，文化，宗教など，ありとあらゆるものが自分の生まれ育ってきた環境と違い，大きなカルチャーショックを受けるものである。

しかし，残念ながら，そうしたショックも旅行会社によって計画されたツアーでは，表面的でしかない場合が多い。

スポーツ人類学を研究しようとする者は，自らの足で歩き，食べることや実際に目で見たり聞いたりして，経験することで，より深く理解を深めるのである。

そして，異文化がどのような成立条件のもと，存続しているのか，あるいは，自分と異なった人々が何を，どのように考えているのかを理解するのであ

る。

　そうした結果，世界中の人々はそれぞれに異なった考え方や価値観をもっており，スポーツそのものも多種多様な価値観によって存在していることが理解できるのである。

2）自文化理解

　一方，異文化を調査・研究した結果として，自らの文化を理解することもある。

　例えば，お茶碗を持ってご飯を食べることは，日本文化では意識するほどのことではない。生まれてからの成長過程において「躾（しつけ）」として，身につけるのである。

　ところが，韓国へ行けば，お茶碗を持って食べることはしない。もっといえば，お箸を持つ国の方が少ない。

　同じことは，スポーツにおいてもいえる。アメリカの「Baseball」は，日本における「野球」として定着し，国民的人気を博している。しかし，日本の野球では礼儀などの「道」を重んじる。これは，Baseball の日本的変容といわれるが，逆に日本の野球に慣れ親しんだ者がアメリカの Baseball に接することにより，これまで当たり前だったことが当たり前でないことに気づく。

　つまり，他者の文化（異文化）を理解（知る）ことは，とりもなおさず，自己の文化（自文化）を理解（知る）ことになるといえる。

5．おわりに―まとめにかえて

　これまで述べてきたように，スポーツ人類学を学ぶということは，いろいろな研究方法や手法を学ぶ必要がある。しかし，基本的に海外や国内のどこかへ自ら行くことに一番の面白さがあるといってよい。

　自分の国や地域とは違う場所へ行き，そこで，見聞きしたものや食べたものは，すべて新鮮である。つまり，研究者は「研究」のために，海外や国内へ出かけるが，一方で自分自身の視野を広げ，思考を深めることができるのである。

　しかし，そこで，経験したことを「良い経験をした」で終わらせるのが旅行者であり，研究者はスポーツ人類学の研究方法にしたがって，報告書や論文である「民族誌」（Ethnography）として残すことが両者の大きな違いであることは理解しなければならない。

　最後に，「最後のフロンティア」といわれるミャンマー連邦共和国（以下，ミャンマー）の前の首都であるヤンゴン（Yangon）（現在の首都はネピドー・Naypyidaw）では，現在，毎年どころか，毎月のように街の風景は激変している。それは，2013年まで続けられたアメリカの経済制裁が解除されたことが大きな契機となっているが，外資系の企業が年々増加し，人々の暮らしぶりは大きく変化している。

　街中は大渋滞するようになり，伝統的な衣装であるロンジーを履くよりは，ジーンズやいわゆるズボンを履く人々が増えた。また，自宅の固定電話（日本では，いわゆる黒電話）の普及率が極めて低いのにもかかわらず，人々は携帯電話を持っている。

つまり，我々が経験してきた近代化のプロセス（順序）を飛ばして，一気に近代化している側面を認めることができるのである。

そうした近代化の波が一気に押し寄せている状況において，伝統的なスポーツであるチンロン（Chinlone）が今後どのような選択をしていくことになるのか大いに注目される。

参考文献

石井隆憲編著：『スポーツ人類学』明和出版，2004.9

寒川恒夫編：『教養としてのスポーツ人類学』大修館書店，2004.7

大林太良監訳，寒川恒夫訳：『スポーツ人類学入門』大修館書店，1988.2

宇佐美隆憲：「スポーツ人類学」，『スポーツ学のみかた』所収，朝日新聞社，1997.1

宇佐美隆憲著：『草相撲のスポーツ人類学―東アジアを事例とする動態的民族誌』岩田書院，2002.2

綾部恒雄編：『文化人類学15の理論』中公新書，1984.9

綾部恒雄編：『文化人類学20の理論』弘文堂，2006.12

佐藤郁哉著：『フィールドワーク―書を持って街へ出よう』新曜社，2006.12

Question

①スポーツ人類学の研究方法として，特徴的なものについて述べよ。

②自然人類学，考古学，言語学，文化人類学の中で，スポーツ人類学にとって重要な学問を述べよ。またその理由について説明せよ。

スポーツ教育学を学ぶ

福ヶ迫善彦

1. はじめに―スポーツ教育学とは

　我が国におけるスポーツ教育学は，非常に若い学問領域といえる。日本スポーツ教育学会が設立されて，40年にも満たない。諸外国では，ドイツの場合，1973年に Schmiz がスポーツ教育学の研究領域モデルを提示している。これを皮切りに欧米諸国を中心に世界規模で用いられるようになったスポーツ教育学は，それでも，スポーツ哲学，スポーツ史，スポーツ生理学等の他のスポーツ科学を構成する学問の中で，発展途上の学問といえる。

　我が国のスポーツ教育学の中心的な関心ごとは，学校教育におけるスポーツ，つまり，体育科・保健体育科に関する教育学的アプローチによるところである。この場合，体育科教育学あるいは保健体育科教育学というべきであるが，スポーツ教育学と体育科教育学に類似性が高いこともあり，それらの差異を明確にすることは難しい。

　このようなことから，「スポーツ教育学は，スポーツと教育とのかかわりを研究する学問である。とくに青少年をスポーツに動機づけ，スポーツの能力を与えるための教育のあり方や，スポーツからもたらされる効果を合理的に実現するための指導のあ

《著者紹介》

略　歴
2002年　筑波大学体育研究科修了
2002年　国士舘大学研究科助手
2005年　愛知教育大学助手（後. 准教授）
2013年　流通経済大学准教授（後. 教授）

主要業績
福ヶ迫善彦. 高田大輔（2012）体育授業における「学習の勢い」を生み出す指導方略と指導技術の検証. スポーツ教育学研究第32巻第1号
福ヶ迫善彦（2016）中学校教育フォーラム. 43号, 44号, 45号
福ヶ迫善彦（2016）子どものやる気を引き出すスポーツ指導者のマネジメント. コーチング・クリニック第30巻第8号

担当科目
保健体育科教育法

り方を究明することが課題になる」(高橋, 1997)。

2. スポーツと教育の関係

　スポーツ教育学で研究の対象とするスポーツは, 学校教育における体育・保健体育だけでなく, 広く身体活動における教育的効果が期待される場面を指す。例えば, 運動部活動, スポーツクラブ, 地域のスポーツ大会など多岐にわたる。スポーツの教育的場面は, どのような場面であるか。競技性の強いスポーツでは限りなく低くなるだろう。プロ野球で考えるとしよう。プロの投手がより良い成績を残すためにトレーニングを行い, 栄養管理をしてゲームに備える。結果として, ゲームで相手打者から三振を奪う。そこには教育的場面は全くない。ところが, その投手が投げるゲームを観戦した子供が優れたパフォーマンスを見て, 野球に動機づけられ, 野球チームに入ったとしよう。野球チームでは, ゲームに勝つことはもちろんであるが, 青少年として成長する過程における重要な教育的場面が点在する。もっと言うと, プロの選手がプレーヤーとしての模範になることは教育的場面である。つまり, プロ野

図1　Schmiz (1973) によるスポーツ教育学の研究領域

スポーツ教育学を学ぶ ● 93

球選手がパフォーマンスを上げること自体に教育的効果はないが，その周辺には教育的場面があるのである。

スポーツは教育のために生まれた文化ではない。基本的に大人がより豊かな人生を過ごすための産物である。よって，子供がスポーツを行えば教育的効果があるのではなく，教育的場面にどれだけ適切な指導や支援を行ったかによって効果が発揮される。このように，スポーツ教育学は，「科学理論と方法学」「人間学的基礎」「体育・スポーツ授業の歴史」「制度・組織論」「比較スポーツ教育学」といった研究領域を広く位置づけ，それらの中核にスポーツ教授学を配する（髙橋，2002）。また，スポーツ教授学の下位領域として「カリキュラム論」「学習論」「教授論」を位置づけられる（図１）（髙橋，2002）。

3．スポーツを学ぶ意義

人間がよりよく生きるためには文化装置を教授することが重要であろう。その一つがスポーツであるが，果たしてスポーツは学ぶに値する文化装置であろうか。

サッカーにはルールがあり，相手を押したり引っ張ったりしてはいけない。このことは多くの人が理解している。ところが，プロサッカーでは，相手からボールを奪う場面や相手に得点されそうになる場面などで相手を押したり引っ張ったりすることがよく起きる。これを見た子供たちもスポーツクラブで同じような行動をする。なかには，監督やコーチが相手を陥れるようなルール違反の指示をすることもある。なんとも，スポーツに教育的効果があるとは

言えない事例である。その一方で，世界大会などで優勝した選手が涙する場面に，観客や聴衆が同様に感動することもある。ところがその選手がドーピングをしていたことが発覚すると感動が一変するだろう。このように，スポーツには教育的場面があるものの，それをどのように教育へ生かすかどうかが問われる。

　人は，社会的ジレンマの中で生きている。個人は利益を最大限に求めながらも，すべての個人が非協力になった時の負の効果を勘案し，帳尻を合わせるように生きる。スポーツは社会的ジレンマを備えている。個人がルールを破るとゲームが破壊される。スポールが学ぶに値するときは，ルールを順守し，最高のパフォーマンスを求めるときである。

4．スポーツ教育学の課題

　スポーツの指導者には，実践的知識が求められる。それは，どのように指導するかという方法的知識と，指導する際に「なぜ」「どこを」「どのように」修正するとよいかといった内容的知識が求められる。方法的視点は，相手の心理的側面を理解した言葉がけや指導のタイミングなど一般教授学的視点である。一方で，内容的知識はスポーツ科学で明文化されてる科学的知見に立脚した知識である。このどちらともスポーツ指導では必要であるが，それらを独立させた立場で指導者が学ぶのではなく，同時実践的に学び，省察することによって新たな知識を獲得する。ゆえに，スポーツ指導者の指導力の向上を目指した研究が行われなければならない。熟達した指導者は反省的実践家であり，技術的熟達者とは異なる専門

性を発揮するための実践的知識を有している（佐藤,
2010）。そういった熟達した指導者の知識を明らか
にすることも今後の課題となる。

参考文献

髙橋健夫（2002），体育科教育学入門．大修館書店：東
　　京．
髙橋健夫（1997），スポーツ学のみかた．朝日新聞社：
　　東京．
佐藤学（2010），教育の方法．左右社：東京．
Schmitz. J.N. (1973), Fachdidaktik und Curriculmtheorie
　　in der Sportwissenshft.Sportwissenshft. Vol3. 251-
　　276.

Question

①スポーツが教育的価値を有する状況を述べなさい。

②スポーツの指導者が専門性を発揮するために必要な知識を述べなさい。

体育科教育学を学ぶ

柴田　一浩

1. はじめに

中学校及び高等学校には，保健体育という教科がある。技術・家庭科のように保健と体育の間に「・」は入らない。技術・家庭科は技術科と家庭科の2人の教師が指導するが，保健体育教師は，保健に関する分野と体育に関する分野の両方を指導することとなる。

しかしながら，これまで日本体育学会では，「体育科教育学」と「保健」とに専門領域が分かれている。保健体育という教科は保健と体育が密接にかかわっているので，2つを併せて「保健体育科教育学」という専門領域名に変更することも議論されている。

ここでは，体育科教育学について紹介することとし，保健に関する分野については，指導内容の体系図のみを紹介することとする。

2. 体育科教育学とは

体育科教育学は，体育授業を中心とする体育実践の改善を目的として行われる研究分野である。体育科教育学の研究課題領域は，①体育科教育の実践そ

《著者紹介》

略　歴

1984年　茨城大学教育学部卒業
1984年　茨城県公立中学校勤務
2000年　茨城大学大学院教育学研究科修了
2004年　茨城県教育委員会指導主事
2010年　流通経済大学スポーツ健康科学部准教授
2015年　同教授

主要業績

これならできる剣道（2014）スキージャーナル社（共著）
新・苦手な運動が好きになるスポーツのコツ②剣道（2013）ゆまに書房（単著）
観点別学習状況の評価基準と判定基準（2012）図書文化社（共著）
新版体育科教育学入門（2010）大修館書店（共著）
文部科学省：中学校学習指導要領（保健体育）の改善等に関する調査研究協力者（2008）

担当科目

保健体育科教育法Ⅰ
スポーツ教材研究Ⅲ，Ⅳ
スポーツ教育学

のものを対象として行われる「授業研究（実践的研究）」，②体育科教育の方法原理（目標－内容－方法）を体系的に明らかにし，授業理論モデルを開発する「授業づくり研究」，③体育科教育の理論や実践のための基礎的知識を提供する「授業の基礎的研究」の３層で構成される。

3．体育科教育学で学ぶこと

　主として体育科教育の授業づくり研究や授業研究を通して明らかにされてきた知識や技能を学ぶ学問である。本学では，保健体育科教育法Ⅰ・Ⅱで理論を，スポーツ教材研究Ⅰ，Ⅱ，Ⅲ，Ⅳなどで指導の実践などを学ぶこととなる。ここでは，「保健体育科教育法」の内容を簡単に紹介することとする。

⑴　保健体育科教育法Ⅰ・Ⅱ

①　学習指導要領の内容
　保健体育教師を目指す学生が理解しておくべき内容を理論的に学ぶ授業である。保健体育は「体育に関する分野」と「保健に関する分野」で構成されている。主に「保健に関する分野」を「保健体育科教育法Ⅰ」で，「体育に関する分野」を「保健体育科教育法Ⅱ」で履修することとなり，保健体育の免許を取得するための必修科目である。
　「保健体育」という教科の内容については，中学校は「中学校学習指導要領（2008年）」，高等学校は「高等学校学習指導要領（2009年）」に示されている。その内容について詳しく解説されているのが「中学校学習指導要領解説－保健体育編－（2008年）」及び「高等学校学習指導要領解説－保健体育編－

（2009年）」である。公立学校の保健体育科の教師になるためには，各都道府県教育委員会等が行う教員採用試験に合格する必要があるが，この「学習指導要領解説保健体育編」から多く出題される。それは，保健体育の授業で指導する内容を十分に理解したうえで，生徒に指導する必要があるからである。

　保健体育科教育法Ⅱは，この学習指導要領の内容を理解すること，この内容を生徒に対し，どのような計画で，どのように指導するとよいかなどを中心に講義を進めていく。

　図1は学習指導要領（2008年）での「体育に関する分野」の指導内容と各発達段階での運動領域の名称などをまとめたものである。

　このように中学校及び高等学校では，体つくり運動から体育理論まで8領域を指導することとなる。

　また，体育理論以外の運動領域は，「(1)技能」，「(2)態度」，「(3)知識，思考・判断」の内容で構成されており，これらをバランスよく指導することが求

小学校			中学校		高等学校	
1・2年	3・4年	5・6年	1・2年	3年	1年	2年以降
各種の運動の基礎を 培う次期			多くの領域の学習を 体験する時期		少なくとも一つの運動やスポーツ を継続できるようにする時期	
体つくり運動			体つくり運動		体つくり運動	
器械・器具を 使っての 運動遊び	器械運動	器械運動	器械運動	器械運動	器械運動	
走・跳の 運動遊び	走・跳の運動	陸上運動	陸上競技	陸上競技	陸上競技	
水遊び	浮く・泳ぐ 運動	水泳	水泳	水泳	水泳	
ゲーム	ゲーム	ボール運動	球技	球技	球技	
表現・リズム 遊び	表現運動	表現運動	ダンス	ダンス	ダンス	
			武道	武道	武道	
			体育理論	体育理論	体育理論	

文部科学省教科調査官作成

図1　体育に関する分野の指導内容の体系図

められている。例えば，中学校1・2年の「球技」は，表1のように示されている。

単に「技能」の向上を図るだけでなく，「フェアなプレイを守ろうとする」などの「態度」の内容や，「関連して高まる体力」などの「知識，思考・判断」の内容を指導することとなる。このように指導する内容を理解したうえで，よい体育授業の条件や授業づくりの視点についても学んでいく。

② **よい体育授業の条件**

「よい体育授業」とは，学習目標が十分に達成され，学習成果が上がっている授業といわれている。図2は体育科教育学の研究成果に基づいて構造化された「よい体育授業」の成立条件を示したものである。授業の内容的条件には，学習目標とそれに対応した学習内容が明確に設定され，その学習内容を具現化した教材づくりが含まれる。一方，授業の基礎的条件には，学習時間を十分に確保するための効果的なマネジメントや学習規律が含まれる。加えて，肯定的な人間関係や情緒的な解放も挙げられる。マ

表1　中学校第1学年及び第2学年の「球技」の内容

(1)　次の運動について，勝敗を競う楽しさや喜びを味わい，基本的な技能や仲間と連携した動きでゲームが展開できるようにする。
　ア　ゴール型では，ボール操作と空間に走り込むなどの動きによってゴール前での攻防を展開すること。
　イ　ネット型では，ボールや用具の操作と定位置に戻るなどの動きによって空いた場所をめぐる攻防を展開すること。
　ウ　ベースボール型では，基本的なバット操作と走塁での攻撃，ボール操作と定位置での守備などによって攻防を展開すること。
(2)　球技に積極的に取り組むとともに，フェアなプレイを守ろうとすること，分担した役割を果たそうとすること，作戦などについての話合いに参加しようとすることなどや，健康・安全に気を配ることができるようにする。
(3)　球技の特性や成り立ち，技術の名称や行い方，関連して高まる体力などを理解し，課題に応じた運動の取り組み方を工夫できるようにする。

中学校学習指導要領から抜粋

ネジメントや学習規律は「学習の勢い」を，人間関係や情緒的解放は「よい授業の雰囲気」を生み出す要因となる。このような知識を身に付けたうえで，教育実習で生徒を指導することとなる。

(2) **教材づくり**

体育の授業では，楽しさの源泉としての「できる」こと，運動の達成に向けて「かかわる」こと，技能習得と集団的交流を促す「わかる」ことを保障する必要がある。そのために，教師は授業を実施する前に授業計画を立案する。授業計画では，学習目標を設定し，その目標を達成するための学習内容を特定する。そして，その学習内容を具現化する教材づくりに取り組む。

教材づくりの基本的視点には，学習内容を明確にする「内容的視点」と学習意欲を喚起させる「方法的視点」がある。内容的視点とは，教師が子どもたちに学習させたい内容（例えば，技術や戦術，社会

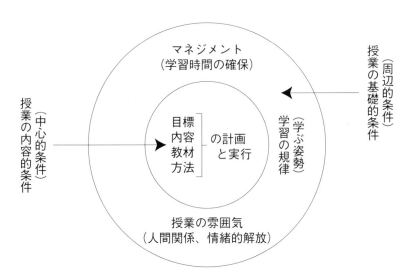

図2　高橋が示したよい体育授業を成立させる条件（1994）

的行動，知識や認識など）を含み持たせるというものである。また，方法的視点とは，子どもたちの学習意欲を喚起させるために，①学習機会を平等に保障する，②学習者の発達段階や興味・関心に配慮する，③プレイ性に満ちた課題である，という条件が満たされているかということを指す。

　例えば球技では，プレイヤーの人数，コートの広さ，用具，プレイ上の制限を工夫したゲームを取り入れ，ボールや用具の操作とボールを持たない動きに着目させ，取り組ませることが大切である。ネット型であるバレーボールの中学校第1学年の「スパイクを打つ爽快感とラリーが続く楽しさ」を味わわせるために考案された教材を紹介する（図3）。

　このような教材づくりについては，スポーツ教材研究Ⅰ～Ⅳで学ぶ。

　また，保健に関する分野についての教材づくりについても研究されているが，ここでは，指導内容の体系図のみ紹介することとする（図4）。

参考文献

高橋健夫，岡出美則，友添秀則，岩田靖編（2010），新版体育科教育学入門，大修館書店

杉山重利，高橋健夫，園山和夫編（2009），保健体育科教育法，大修館書店

岩田靖編（2012），体育の教材を創る，大修館書店

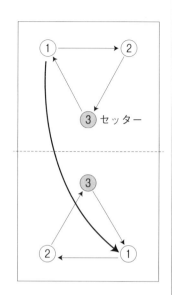

○ルール
・3人対3人，試合時間4分
・バドミントンコートの広さ
・軽量バレーボール，ネットの高さは2m10cm
● ゲームの方法
・サーブは山なりの投げ入れサーブで，対角線上のレシーバー（①から①）をねらう。
・レシーバー（①）はキャッチ→セッター（③）にトスを上げやすいようにパスをする。
・セッター（③）は，アタッカー（②）がアタックを打ちやすいように，オーバーハンドパスをする。
・その後は，「最初に触球する人は，キャッチ」，「2人目はオーバーハンドパス」，「3人目は相手コートに返球する」という形で，必ず3人がボールを触って返球する。
・互いに投げ入れたらローテーションをする。
・どちらにポイントが入ったかにかかわらず，サーブは交互に投げ入れる。
・4人目以降は，セッターをした人と入れかわり，レシーバー（①）のポジションに入る。

（筆者作成）

図3　簡易なルールのバレーボールの例

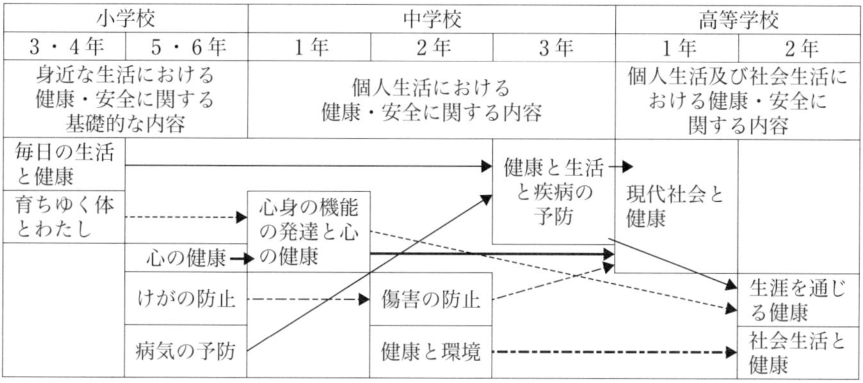

| 小学校 || 中学校 ||| 高等学校 ||
3・4年	5・6年	1年	2年	3年	1年	2年
身近な生活における健康・安全に関する基礎的な内容		個人生活における健康・安全に関する内容			個人生活及び社会生活における健康・安全に関する内容	
毎日の生活と健康				健康と生活と疾病の予防	現代社会と健康	
育ちゆく体とわたし		心身の機能の発達と心の健康				
	心の健康					生涯を通じる健康
	けがの防止	傷害の防止				
	病気の予防		健康と環境			社会生活と健康

文部科学省教科調査官作成

図4　保健に関する分野の指導内容の体系図

Question

　テキストに紹介されたバレーボールの教材を参考にして，球技を１種目選んで教材を考えよ。その際，①種目名　②ねらい　③対象学年を示し，そのねらいを達成するための　④１チームのプレイヤーの人数　⑤コートやグラウンドの広さ　⑥用具　⑦工夫したルールについて書きなさい。

スポーツ政策を学ぶ

田畑　亨

1．政策とは

　スポーツ政策という領域を理解するに際して，まず「政策」という言葉について理解をする必要がある。「政策」という言葉を広辞苑（第4版）で調べると，下記の通り記載されている。

[政策]（policy）

1　政治の方策
2　政府・政党などの施政上の方針や方策
3　目的を遂行するための方針・手段

　1・2の意味からみれば，「政策」とは政治に関わる人々が使用する言葉であり，対象が限定的な言葉でると理解できる。しかし，3の意味からは，広い意味で「政策」という言葉を捉えることができ，「問題解決の為の方針」であると理解することができる。「政策」を「問題解決の為の方策」と考えた場合，我々にとって極めて身近なものであるといえる。
　以上のことから，本稿で定義する「政策」とは，「複数の人間が構成する集団，企業や政府のような組織体について基本的な行動指針と目標設定の為の

《著者紹介》

略　歴
2003年　国士舘大学体育学部体育学科卒業
2005年　国士舘大学大学院スポーツシステム研究科博士前期課程修了
2005年　チュラロンコーン大学（タイ王国）研究生
2007年　国士舘大学大学院スポーツシステム研究科博士後期課程退学

主要業績
図表で見るスポーツビジネス「スポーツメディア産業」（著書）
東南アジア諸国におけるSEA Games開催の役割について（論文）
タイ王国におけるスポーツ行政組織とスポーツ政策について（論文）
カンボジア王国におけるスポーツの現状（論文）
ベトナム社会主義共和国におけるスポーツ政策（論文）

担当科目
スポーツ政策論
陸上競技

具体的なプログラム及び実現の為の戦略を策定すること」とする。

　上記の様に定義した「政策」学では，下記の内容を研究対象としている。

　　1　政策決定の研究
　　2　政策実施の研究
　　3　政策評価の研究

　スポーツマネジメントの研究領域では，PDCAサイクル（マネジメントサイクル）の重要性について取り上げられるが，政策を研究する学問では，組織を管理する際に必要な機能として，計画策定（Plan），計画の実行（Do）評価（See）の3段階が重要である考え方に基づき，このPDSを中心とした内容について研究がなされている。

2．我が国のスポーツ問題とは

　社会はめまぐるしく変化を遂げている。戦後からでも，戦後復興→高度経済成長→バブル経済の崩壊→低成長時代の到来→震災復興と変化している。社会の変化とともに，スポーツの役割も変化している。戦後復興期では，国民の体力の向上が急務とされ，「社会体育」としてスポーツは振興されるようになってきた。また，高度経済成長期では，都市化の問題に伴い，人間関係の希薄化により，この時代は，人と人をつなぐ「コミュニティ形成の為のスポーツ」としてスポーツが扱われるようになった。近年では，生涯自由時間の増大，高齢化に伴う医療費の増大に伴い健康づくりの観点から「生涯スポー

ツ」が振興されている。また，子どもの体力の低下，オリンピックを頂点とする国際大会での競技力の向上，「新しい公共」の担い手としてのスポーツなど，わが国のスポーツに関わる課題は多数ある。これまで挙げてきた例からも解るように，「スポーツ」というものが，我々が営む社会においてどの様に貢献できるかが焦点になっている。これらスポーツに関わる課題を解決するのが「政策」である。「政策」を学ぶ学生は，常に社会での出来ごとに対し，関心を持たなければならない。

3．わが国のスポーツ法と政策

3－1　スポーツ振興に関する法律

　スポーツ政策は，スポーツ活動及び健康増進を対象領域とした公共政策として位置付けることができる。本項では，国が示す，スポーツ政策を紹介していくが，政策の策定にはそれに関連する法律が必要となる。それは，わが国は法治国家であり，立法，司法，行政の三権分立の原則で国家運営がなされているからである。したがって，法と政策との関係性は非常に強く，スポーツ法とスポーツ政策策定の根拠となっている。

　わが国においてスポーツ振興に関する法律は，1961年に制定された「スポーツ振興法」が最初である。スポーツ振興法は，「国民の心身の健全な発達と明るく豊かな国民生活の形成に寄与する」ことを目的している。本法律は，超党派の議員によって提出された議員立法で，スポーツ施策の基本を定めている法律である。本法律の第4条では，文部科学大

臣に対し、「スポーツの振興に関する基本的計画」を定めること指示している。しかしながら、この計画に当たる「スポーツ振興基本計画」は、2000年に策定されており、長年にわたり、わが国のスポーツに関する具体的計画が不在であった。

その他にも、国民体育大会の開催に関する内容や、地域のスポーツ指導に貢献する体育指導員に関する事項、またスポーツ振興に関する国の補助に関する事項などが定められ、スポーツ振興法は、今日のわが国におけるスポーツ環境整備に大きな影響を与えた。

スポーツ振興法制定以降、時代の変化とともに、スポーツは多くの人々に享受されるようになった。スポーツ議員連盟（超党派）プロジェクトチームは、2009年5月に「スポーツ基本法に関する論点整理」を公表している。スポーツ振興法を改定する必要性について以下のようにまとめている。

種々の国際競技大会に参加する国・地域、目的が多様化し、スポーツへの期待と位置付けは国際的にも国内的にも急速に変化してきている。

制定以来50年近くの年月が経過した今、スポーツ振興法は、スポーツに対する国民のニーズへの対応、文化としてのスポーツへの対応はもとより、スポーツを通じた我が国の国際貢献や国際社会への参画等の観点からも現状に対応しきれなくなっている。

以上のことから「スポーツ振興法」の前面改定となる「スポーツ基本法」が2011年に制定され、今後の新たなスポーツに関する施策の基本となっている。

「スポーツ基本法」は，スポーツに関する施策を
国家戦略として位置づけている。またスポーツを
行う権利を認める「スポーツ権」を盛り込んでいる
ところが特徴である。さらに，スポーツに関する
施策を総合的に推進する為に「スポーツ庁」の設置
を政府に対して検討をするように指示を出している。
「スポーツ庁」設置は，わが国においてスポーツを
推進する上で，大きな影響力を与えるといえよう。

3－2　スポーツ振興に関する基本計画

　スポーツ振興法の第4条において，「スポーツの
振興に関する基本的計画」にあたる計画が2000年に
策定された「スポーツ振興基本計画」である。「ス
ポーツ振興基本計画」は，3つの柱から構成されて
いる。

　①スポーツの振興を通じた子どもの体力の向上方策
　②地域におけるスポーツ環境の整備充実方策
　③我が国の国際競技力の総合的な向上方策

　この計画の特徴は，政策目標達成のために数値目
標を設定しているところにある。子どもの体力向上
方策では，文部科学省が実施している「体力・運動
能力調査」において，1985年頃から低下傾向にある
体力・運動能力に歯止めをかけることを目標として
いる。
　地域におけるスポーツ環境の整備充実方策では，
国民が生涯にわたってスポーツを実施できる環境を
整備する「生涯スポーツ社会」の実現に向けた方策
だが，成人の週に1回以上のスポーツ実施率を50％
にすることを目標としている。この目標を実現させ

る為に，2010年までに全国の市区町村に「総合型地域スポーツクラブ」を少なくとも１つ設置するとしている。

国際競技力の向上方策においては，オリンピックにおけるメダルの獲得率が，夏季・冬季合わせて3.5％になることを目標にしている。

以上のように「スポーツ振興基本計画」では，掲げる政策目標に対して具体的な数値目標を設定することで，実施した政策の効果と今後政策の見直しの際の指標として用いることができる。

具体的な数値目標を掲げて，スポーツ振興法で掲げている「国民の心身の健全な発達と明るく豊かな国民生活の形成」を実現する為に策定された「スポーツ振興基本計画」は，2001年から2011年の実施計画であった。この間，子どもの体力・運動能力は，低下傾向に歯止めがかかったものの，1985年頃の水準には到達していない。また，子どもの活動状況においては，スポーツを行う子どもと全く行わない子どもの二極化が生じるようになってきた。

生涯スポーツ社会に受けた方策では，スポーツ実施率は高齢者層では目標値の50％に到達するものの，その他の世代では目標に到達しなかった。また総合型地域スポーツクラブの育成状況は，2010年の到達目標の約70％であった。「スポーツ振興基本計画」で掲げた数値目標を達成したのは，オリンピックでのメダル獲得率のみであった。

以上のように，政策目標達成の難しさが浮き彫りになる中，新たな計画の必要性が生じてきた。

前項で示したように，「スポーツ振興法」の全面改定に伴い「スポーツ基本法」が策定されたが，これを踏まえ，「スポーツ基本計画」が2012年に策定

された。スポーツ基本計画は2012年から10年間のスポーツ推進の基本を示しており，具体的に取り組む施策を次のように示している。

1．学校と地域における子どものスポーツ機会の充実
2．若者のスポーツ参加機会の拡充や高齢者の体力つくり支援等のライフステージに応じたスポーツ活動の推進
3．住民が主体的に参画する地域のスポーツ環境の整備
4．国際競技力の向上に向けた人材の養成やスポーツ環境の整備
5．オリンピック・パラリンピック等の国際競技大会等の招致・開催等を通じた国際交流・貢献の推進
6．ドーピング防止やスポーツ仲裁等の推進によるスポーツ界の透明性，公平・公正性の向上
7．スポーツ界における好循環の創出に向けたトップスポーツと地域におけるスポーツとの連携・協働の推進

「スポーツ基本計画」は，現在のわが国におけるスポーツ政策の重要な柱であり，「新たなスポーツ文化」の確立を目指すものとして位置づいている。

4．わが国のスポーツ振興体制

スポーツを所管する中央省庁は，各国によって様々である。スポーツを所管する組織をみてみると，その国での「スポーツ」の考え方が見えてくる。

近代スポーツ誕生の地イギリスでは，文化・メディア・スポーツ省（DCMS: Department of Culture, Media and Sports）が，東南アジア諸国のタイ王国では，観光・スポーツ省（Mnistry of Tourism and Sports）がスポーツを所管している。観光立国として力をいれているタイ王国では，「スポーツ」を観光資源ととらえ，様々なスポーツ大会の誘致を行っている。我が国においては，「スポーツ基本法」以前は，教育行政の中心である文部科学省がスポーツ行政を担当していた。このことはスポーツを通した青少年の健全育成の為の「教育」としての役割があると理解できる。「スポーツ基本法」の制定を受け，

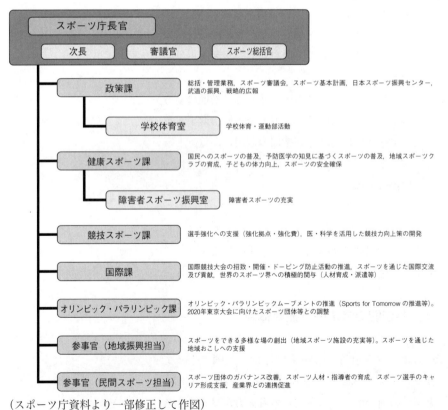

（スポーツ庁資料より一部修正して作図）

また2020年東京オリンピック・パラリンピック大会の開催，またスポーツを取り巻く環境の変化に対応する為，2015年10月に文部科学省の外局として「スポーツ庁」が設置された。各自治体におけるスポーツ行政は，教育委員会の中に位置づくスポーツ担当部局が中心となっている。

わが国のスポーツ振興の中心組織として文部科学省の外局である「スポーツ庁」と解説をしたが，文部科学省以外にも，各中央省庁では「スポーツ政策」が策定されている。スポーツ産業に関わる事項は「経済産業省」が，スポーツ施設の整備計画については「国土交通省」がそれぞれ担当している。以上の様に，わが国のスポーツ行政組織は，「スポーツ庁」が中心となっているものの，各中央省庁の政策においても，スポーツ関連政策が策定されており，スポーツ振興体制の一元化が図られていないのが現状である。

5．まとめにかえて

スポーツ政策という学問は，国家や各組織等の組織体の方向性を示す為の重要な指針であるといえる。ここでは触れていないが，なぜ，国家や地方自治体において政策を策定しなければならないかというと，それは，我々が国に納めている税金の使い道をどの様にするかを決めるものであり，政策が予算根拠となっているからである。

政策策定内容の是非について議論の余地はあるが，わが国のスポーツ振興を担う我々において，国家や地方自治体が策定した政策について十分理解する必要があるといえる。

参考文献

中道寿一編（2011），政策研究，福村出版.

菊幸一ら編（2011），スポーツ政策論，成文堂.

Question

①自分が住んでいる町のスポーツ政策について調べよ。

②我が国においてスポーツを振興する意味について考え，述べよ。

スポーツマネジメントを学ぶ

西機　真

1. スポーツマネジメントとは

　マネジメントとは何か。広辞苑には「管理。処理。経営。」とある。Management の動詞である Manage には「どうにかして〜する」「うまく〜する」，あるいは「操縦する」「うまく扱う」という意味がある。「経営」「管理」だと，どうしても企業の経営方法や組織の管理体制などに限定されがちだが，広義にとらえると効率よく目的を果たすための理論や方法と解釈することができる。

　では，「スポーツ」と「マネジメント」という二つの言葉から成り立つスポーツマネジメントとは何か。「スポーツ」との関わり方は，人によって様々である。金メダルを獲得するため毎日過酷なトレーニングをする人。健康のために毎日昼休みにジョギングをする人。草野球仲間と週末に試合をする人。家族で週末にスキー旅行へ出掛ける人。さらには，スポーツを「する」だけでなく，プロ野球やＪリーグをスタジアムやテレビで「みる」人。オリンピックや市民マラソン大会でボランティアとしてスポーツを「ささえる」人。スポーツに関わる目的は多種多様である。

　つまり，スポーツマネジメントとは，多種多様な

《著者紹介》

略　歴

1997年　筑波大学体育専門学群卒業

2001年　筑波大学大学院体育研究科修士課程修了

2002年　Massey University Graduate Diploma of Business Studies (Sports Management Course) 修了

2003年　㈱つくばウエルネスリサーチ プログラム開発課長（〜2004.3）

2005年　筑波学院大学　社会力コーディネーター（〜2009.3）

2007年　流通経済大学スポーツ健康科学部専任講師

2011年　同　准教授

主要業績

「大学を基盤にしたラグビー強化拠点の構築について」(2010)

「Visionary Sports Club 構築のために―IRB 指導者養成プログラムから学ぶこと―」(2008)

文部科学省現代的教育ニーズ取組支援プログラム「つくば市をキャンパスにした社会力育成教育」(2006〜2009)

ワールドラグビーコーチトレーナー・エデュケーター

日本ラグビー協会普及・競技力向上委員会国際協力部門長

担当科目

スポーツ健康科学概論

スポーツマネジメント概論

スポーツコミュニケーション概論

スポーツマネジメント実習

スポーツマネジメント演習

グローカルスポーツ演習

目的を持ったスポーツ活動において，その目的を効率よく達成するための理論や方法であると言える。

2．スポーツ活動の生産体制

　ジムでトレーニングする。体育館で授業をする。スタジアムで試合をみる。マラソン大会で給水係をする。いずれの場合もスポーツ活動が産み出されるが，生産者は様々であり，目的も様々である。こうしたスポーツ活動が生産されるまでには，製品やサービスが生産される場合と同じく，必ず資源が必要となる。スポーツ活動の生産は，これらの資源を調達することから始まる。スポーツ活動を実践したり指導したりする「ヒト」，グラウンドや用具などの「モノ」，会費や入場料，スポンサー料などの「カネ」，さらにはスケジュールや対戦相手，天候などの「情報」といった資源を結びつけることで「イベント」「クラブ」「スクール」「施設」といったスポーツサービスが生まれる。次にスポーツサービスが，ジムの会員や学校の生徒，スタジアムの観客，大会のボランティアといったスポーツ活動をする人，みる人，ささえる人に供給され，トレーニングや授業，試合，大会などにおいて実際にスポーツ活動が行われる。

　山下は，スポーツ活動の生産過程について，次の通り説明している（図1）。

　　スポーツ組織には，諸資源をうまく結びつけ採算のとれるようにするマネジメント（具体的には「調達する」「組織する」「成果を配分する」などの機能），市場の条件に合わせて販売ができるようにするマネジメント（具体的には「分析する」

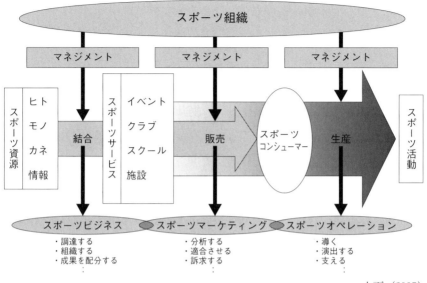

山下（2005）
「図解スポーツマネジメント」大修館書店より

図1　スポーツ活動の生産過程に発生するマネジメント機能

「適合させる」「訴求する」などの機能），スポーツ活動への直接的マネジメント（「導く」「演出する」「支える」などの機能）が自ずと必要になる。こうしたマネジメント機能の分化にしたがって，スポーツ組織の中に，①スポーツビジネス，②スポーツマーケティング，③スポーツオペレーション，という3つの仕事体制が確立することになるのである。(山下, 2005, p14-15)

まず，スポーツ資源を組み合わせてより良いスポーツサービスを創り出すために，必要な資源を調達・発掘・開発したり，利益が上がるよう限られた資源を効率よく運用したりするスポーツ資源を活かすためのマネジメント。

そして，より多くの人にスポーツサービスを供給

する仕組みをつくるために，人々のニーズを理解し，ニーズに合ったサービスを開発し，それを求める人々に届けるという，スポーツサービスの需要と供給の関係を築き上げるマネジメント。

　最後に，スポーツ活動に求める人々のニーズを満たすために，指導したり，演出したり，サポートしたりして，質の高いスポーツ活動が行えるようにするマネジメント。

　これら3つのマネジメント機能におけるそれぞれの目標を効率的・効果的に達成するためには，いずれの機能にも共通するマネジメントの基本構造を理解した上で実践していく必要がある。

3．マネジメントの機能構造

　マネジメントの構造について，目標を効率的・効果的に達成するためのプロセスとして Plan（計画）→ Do（実行）→ See（評価）あるいは Plan（計画）→ Do（実行）→ Check（評価）→ Action（改善行動）の頭文字をとった PDCA サイクルが挙げられる。目標に向けた計画を立て，その計画に基づいて実行し，目標が達成できたか評価をし，問題点を改善するというシステムがマネジメントの基本構造である。

　さらに，組織として多様な目的を達成するには，資源，サービス，顧客がより複雑になる。組織によるマネジメントプロセスを構造化した場合，計画，組織，指揮，統制という4つの機能によって整理することができる（図2）。

　計画において，まず行わなければならないのが目標の設定である。組織として目標を掲げることで，

図2　マネジメントプロセス

その目標を達成するための事業やサービスの内容が決まり，組織の構成員が行動する。さらに，内部の資源や外的な環境について分析を行い，効率的・効果的に目標を達成するための戦略を立てる。大会での優勝や記録向上を目標に掲げ，自らの能力や競争相手の分析をしたりして，そのための戦術やトレーニング計画を立てる。

次に，多様な目的に応えるためには，複数の目標を達成する必要があり，組織の中にも多様な働きが存在する。様々な資源を調達し，それらを適材適所に配置し，その役割を明確にしなければ，効率的な働きは期待できない。指導者や選手を選考して集めたり，スタッフを強化，育成，普及といった部門に分けたりして組織化を図る。

そして，組織を動かすのは人であり，人は意欲によって動く。意欲を高めさせるには，その人の欲求

を理解しなければならない。その上で、それぞれの人間に、目標に対する魅力や期待を持たせて動機づけをする。監督やキャプテン、マネージャーといったリーダーが、厳しく指示したり、叱ったりする一方で、優しく褒めたり、励ましたりしてコミュニケーションを図る。

さらに、実行による結果や現状を測定し、掲げた目標と比較することで評価をし、その原因を分析して報酬を与えたり、状態を保持したり、問題点を改善したりすることで、目標へ向けて軌道を修正する。試合や練習のビデオを分析したり、記録の比較をしたりして、フォームの改善や練習方法の修正を行う。

スポーツ活動を生み出す過程において、こうした基本構造を押さえて3つのマネジメント機能における目標を効率的・効果的に達成していくことで、スポーツ組織の目的を果たすことが可能となる。

4．これからのスポーツマネジメント

マネジメントの概念として、ドラッカー（1909-2005）の理論が代表的なものとして挙げられる。「マネジメントの父」と呼ばれ、近年では、ミリオンセラー小説となった「もし高校野球の女子マネージャーがドラッカーの『マネジメント』を読んだら」で社会的に幅広く注目を集めた。弱小野球部でマネージャーを務めることになった女子高生が、書店でドラッカーの書籍「マネジメント」に出会う。ドラッカーの教えをもとに野球部の改革を進め、仲間たちと甲子園を目指すというわかり易いストーリーが反響を呼び、漫画、アニメ、映画にもなり、様々な組織がその取り組みを真似るなど社会現象を

● スポーツマネジメントを学ぶ ● 121

巻き起こした。

　ドラッカーは，マネジメントの役割を三つ挙げている。

　　A　自らの組織に特有の使命を果たす。

　　B　仕事を通じて働く人たちを生かす。

　　C　社会の問題について貢献する。

　企業をはじめとするあらゆる組織は社会の機関であり，その使命は社会にある。組織が人々の欲求を満足させる製品やサービスを提供すること，あるいは新たな製品やサービスを生み出し人々の欲求を創造することで，顧客と市場が誕生する。スポーツ組織においても，営利組織であるプロ球団やフィットネスジムであれ，非営利組織である公共施設や地域スポーツクラブであれ，顧客の要望に応え，顧客を創造するために事業をマネジメントするという組織としての使命は同じである。会員や生徒，観客，ボランティアがスポーツ活動に何を求めているのかを考え，その要望に応えるサービスを生み出し提供しなければならない。

　これまでの我が国におけるスポーツマネジメントの研究や教育の対象は，Aのマネジメントの役割に関することがほとんどであった。しかしながら，今日の我が国において，BとCの重要性が高まってきていることは言うまでもない。

　まず，現代社会における人間一人ひとりにとって，組織は，生計の資，社会的な地位，コミュニティとの絆を手にし，自己実現を図る場である。特にスポーツ組織の場合，指導者と生徒，選手と観客，参加者とボランティアといった具合に，サービスの供給者と受給者が同時に存在してスポーツ活動は生産され，同時に消費もされるため，その関わりあいを

通して，働く人たちに成果をあげさせていくことは
とても重要である。

　そして，組織は自らが人や環境，社会に与える影
響について責任を持ち，対処していかなければなら
ない。スポーツ組織においても，ドーピング，重症
事故，体罰，環境破壊といったスポーツ活動が生み
出す副産物に対して，組織として社会的責任を果た
さなければならない。一方で，社会的な問題に対し
て，その組織が行えることに取り組み，自らの存在
理由とする社会に貢献することが期待される。我が
国においても，少子高齢化や生活習慣病，被災地支
援など，様々な社会問題の解決に向けてスポーツ活
動を通してできることは少なくない。

　人と人との関わりが希薄になっていく一方で，情
報化や国際化が進んで人と人との繋がりが複雑に
なり，多種多様な社会問題を抱える今日において，
「スポーツの力」に期待が高まっている。「スポーツ
の力」をマネジメントできる人材の育成が望まれる。

引用・参考文献

山下秋二・原田宗彦編（2006），図解スポーツマネジメ
　　ント，大修館書店.

P・F・ドラッカー（2001），マネジメント（エッセン
　　シャル版）基本と原則，ダイヤモンド社.

岩崎夏海（2009），もし高校野球の女子マネージャーが
　　ドラッカーの『マネジメント』を読んだら，ダイ
　　ヤモンド社.

Question

　具体的なスポーツ活動を例に挙げ，その活動の目的を効率よく達成するた
めにどのようにマネジメントすればよいか，次の2つの観点から説明せよ。

①スポーツ活動の生産過程における3つのマネジメント機能

②マネジメントの基本構造

スポーツ情報戦略を学ぶ

荒井　宏和

1．スポーツ情報戦略について

　近年，スポーツ界における情報戦略活動は，各競技団体や関係諸機関で着実に浸透しつつあり，実際にそれらには，情報戦略部門が設置されている。しかし，このスポーツ情報戦略という用語自体からイメージされる実際の取り組みついては，細部まで理解されていないのが実情である。多くはコンピューターやネットワーク，映像編集など最新の機器に精通し，ITリテラシーのエキスパートでなければならないというイメージがあるかもしれない。しかし，情報戦略に関わるステイクホルダーは，あくまでも「人」であり，人と人，人と組織，場合によっては人とハードウェアの関係である。よってITリテラシーはそれらを支える単なるツールでしかない。そして人が最終的に意思決定をし，行動を起こし，そしてイノベーションを創出するのである。

　スポーツにおける本質には，競う，目指す，楽しむ，分かち合う，与える，学ぶ，感動するなど様々な行為や感情がある。これらの根底には，「競うためにはどうするか？」「目指すためにはどうするか？」といった行為の根源となる素材が必要となる。よってそこで求められるのは情報なのである。情報

《著者紹介》

略　歴

千葉県茂原市出身
1992年　日本体育大学体育学部体育学科卒業
1994年　筑波大学大学院修士課程体育研究科健康教育学専攻修了
1995年　筑波大学体育センター文部技官
2001年　茨城県立医療大学保健医療学部理学療法学科嘱託助手
2003年　国立スポーツ科学センタースポーツ情報研究部契約研究員
2006年　流通経済大学スポーツ健康科学部講師
2016年　流通経済大学スポーツ健康科学部教授　現在に至る

主要業績

保健指導に求められる個別運動プログラム作成・実践ガイド（杏林書院）
スポーツ指導者のためのスポーツ医学（南江堂出版）
スポーツ学の視点（昭和堂出版）
オーストラリアにおける北京オリンピック大会の競技力向上戦略について
インテリジェンスに基づくカナダのメダル獲得戦略計画の成果と評価
バンクーバー冬季オリンピックに向けたカナダチームのメダル獲得計画～「Own the podium 2010 Final Report」より～

担当科目

スポーツ情報戦略・分析論

テクニカルサポート論・実習
スポーツボランティア論・実習
スポーツ救急理論・実習Ⅰ
海浜実習

がなければ，判断することもできず，アイディアも生まれない。ただし，単に情報があればよいのだろうかというとそうではない。必要とする情報は多くても少なくても満たされず，取捨選択し，質を高め価値を生み出すことが必要となる。そしてそれをどのように応用し活用するのか，また，タイミングも重要である。料理で例えるならば，様々な具材があり，それをどのように切り刻み，煮るのか，焼くのか，炒めるのか，蒸すのか，あるいは時間をかけてじっくり料理するのか，短時間で仕上げるのかだけでも様々であり，そのプロセスを経て完成したものが食卓にあがるのである。

このようにスポーツ情報戦略には，その情報がどこにあるのか？どのようにマネジメントするのか？そしてどのようなイノベーションを生みたいのかという想像力や感性も求められるのである。

2．インフォメーションとインテリジェンス

スポーツ情報戦略で扱う「情報」には，インフォメーションとインテリジェンスの2つに分類され，それぞれの性質が明確に異なる（図1）。前者のインフォメーションは，情報そのものであり，例をあげると「相手チームがなにか特別な練習をしているらしい」とか，「対戦相手が怪我をしているらしい」などのような観察，報告，噂，画像などのように評価，加工はされていないという特徴を持つ。

一方，インテリジェンスとは，チームの監督やコーチあるいは政策判断をする立場の人たちなどが意思決定する際に必要となるインフォメーションを収集し，分析，加工，発信（提供）されたプロダク

図1　情報の違いと戦術，戦略

トを示す。

　また，ここにはメッセージ（何を伝えるか），ターゲット（誰に伝えるか），タイミング（時間），ソース（情報の源），エフェクト（これによってどのような効果があるか）の要素が包含されている。

　インテリジェンスによって生成された「戦略（Strategy）」には，競争に勝つための総合的，長期的な計画であり，ある目的が達せられるように前もって考えておく長期的な手段とされている。これに似た「戦術」という言葉もあるが，これは競争にかつための個々の具体的な方法であり，ある目的を達成するための具体的な方法・手段を示す。

1) 情報収集の手段（表1）

①公開情報：オシント
　　　　　（OSINT: Open Source Intelligence）
　ラジオやインターネット，専門書籍，公官庁が発行する年次報告書，現地のスポーツ雑誌，スポーツ新聞など誰もが自由に入手可能な公開情報がある。

この強みは情報源へのアクセスや入手後の加工が容易であり，この公開情報を詳細に分析すれば，実体の9割は把握できるという議論もある。一方，核心的な重要情報を公開情報源から入手することは限界が生じることが弱みともされる。

②人的情報：ヒュミント

（HUMINT: Human Intelligence）

人的情報源から収集され提供された素材情報である。我が国では，世界各国のスポーツ組織や競技団体に人材を派遣したり調査を交えて得た現地情報が大きく貢献している。しかし，情報源の入手までに相手との信頼構築や移動などに時間を要することが弱みとされている。

③技術情報（画像情報）：イミント

（IMINT: Imagery Intelligence）

イミント画像から得られる素材情報がある。一般には偵察衛星や偵察機による写真撮影から生まれる素材であるが，スポーツの場合は国内では見ることの出来ない試合映像を海外のローカル放送や商用

表1　Information の収集

収集方法	コンテンツ	強み	弱み
オシント (Osint; Open Source Intelligence)	・ラジオ ・インターネット ・年次報告 ・スポーツ雑誌 ・スポーツ新聞	・情報源のアクセスや入所後の加工が容易である。 ・素材情報の収集等に必要なコストが非常に安価である	・情報量が膨大であり取捨選択が困難である ・核心的な重要情報を得にくい ・反響効果の影響がある
ヒュミント (HUMINT: Human Intelligence)	人的情報源から収集され提供された素材情報	相手の意図を知り得る	情報源の入手までに相手との信頼構築や移動などに時間を要する
イミント (IMINT: Imagery Intelligence)	試合映像を海外のローカル放送や商用ケーブルテレビ番組など	貴重映像を視聴	契約や放送権利などに莫大な費用が必要

ケーブルテレビ番組から入手する情報であり，現地でしかない貴重映像を視聴できる一方，契約や放送権利などに莫大な費用が必要となる。

2）分析（図2）

　分析には，膨大な量の情報を数字で示す定量分析とマトリクスや構造的考えに基づいた定性分析が用いられる。そしてそこに，どこにどのような価値があるのか？あるいはそのままでは役に立たない情報にどのように付加価値を与えるのかを考えながら，類推や仮説を立て現状の比較を行う。また，どのような課題に対して分析をしようとしているのか？さらに分析の全体像とゴールの把握ができているのか理解しておく必要がある。分析の初期段階として，情報の時系列化，他言語情報の翻訳，そしてキーワードによる分類化によって整理する。その他KJ法による情報の構造化やグルーピング，チーム

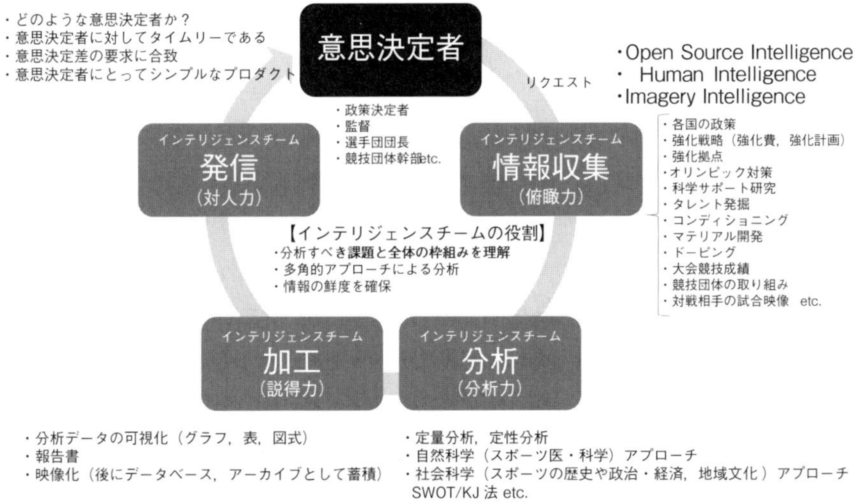

図2　情報収集から発信までのスキーム

や組織の強み（Strength），弱み（Weakness），機会（Opportunity），脅威（Threat）の項目からマトリクスを用いて行う SWOT 分析などの手法がある。

　次にこれらの分析から情報の裏付けを立証するために，より価値や精度の高いインテリジェンスにすることが求められる。これに対するアプローチは，スポーツ医・科学の分野から考察するアプローチや，歴史や政治，経済，地域文化の分野から考察し，統計手法を用いるなど客観的なデータによる分析を行なうことがある。

　その際におこる課題として，分析者が複数の場合，その観点が単純化に陥り，無批判になることによって品質の低下を招くことはあってはならない。お互いの意見を精査すること無く安易に賛成してしまうグループシンクや最初の分析担当者の分析をその後，別の担当者が疑う余地無く分析してしまうレイヤーイングなどは，分析グループの馴れ合いによっておこる事態としてインテリジェンスの品質を低下させる要因となる。

3）加工

　意思決定者は，莫大なデータから構成される報告書に目を通すよりも，情報を収集し分析した過程から作成されたデータをグラフや表を用いて可視化することによって，メッセージの取捨選択を行い意思決定までの時間を削減することによって，次の行動へ反映させることができる。また，必要とされる映像シーンを編集しデータベース化するなどによって，コーチらのミーティングに活用される。

４）発信（提供）

情報を収集し，分析，加工されたプロダクトを提供するために，タイミングの選択を誤ると意思決定者に受け入れられない。またプロダクトはＡ４用紙１枚程度のような出来る限り少ないものに限定しつつ，データの裏付けとなる資料に制限はもたない。さらに誰にどの程度発信するのかターゲットの選択を考慮する必要がある。

３．スポーツ情報戦略の活動と研究

平成13年に，我が国の中核拠点となる国立スポーツ科学センターが設置され，医学，科学，情報の各部門により国際競技力向上のための支援が行なわれている。また，日本オリンピック委員会は国際競技力向上戦略を目標とした「JOC Gold PLAN」では情報戦略活動に着目し，「世界でトップレベルの成績を残すには，高度な情報収集や分析を中核とする情報戦略活動（テクニカル活動）が鍵を握る」とし，「情報・戦略プロジェクト」が設置された。その後，第19回オリンピック冬季大会（ソルトレイクシティー）において国立ポーツ科学センターに日本選手団を後方支援するための「東京Ｊプロジェクト」が発足し，現在までオリンピック，アジア大会，ユースオリンピックなどで分析活動を行っており，情報戦略における取り組みを通して，その役割と機能が整理されつつある。この活動の源は定常的な情報収集活動を通して，英語圏を中心とした世界各国の取り組みに関する情報が収集され蓄積された結果以下のように大別され，これらから研究の素材が生

まれている（表2）。

① 競技力向上に関するスポーツ医・科学，マテリアル開発に関する情報

例：コンディショニング，トレーニング，映像分析，高速水着，ジャンプスーツ，抵抗対策など

② 各国のスポーツ政策，振興に関する情報

例：妥協なき投資戦略，ミッション2012（イギリス）／Own the Podium（カナダ）／オリンピックパスウェイプログラム（シンガポール）／ブルーオーシャン戦略（韓国）など

表2　国際競技力向上における情報戦略の役割と機能

（和久／スポーツ立国構想，仙台大学大学院スポーツ情報戦略概論2011より改変）

戦略立案 （Strategic Planning）	・我が国の国際競技力向上に関する戦略立案の支援及び情報戦略の推進 ・JOC ゴールドプラン，JOC ゴールドプランステージⅡ ・チームジャパン戦略
情報収集，配信，蓄積 （Information Research）	・我が国の国際競技力向上に関わる情報収集，分析，配信とその実施体制の構築，整備 ・情報配信システム（JISS Intelligence）
パフォーマンス分析 （Performance Analysis）	・世界各国及び我が国の競技水準に関する分析とその実施体制の構築，整備 ・我が国の強み，弱み，機会，脅威を特定し，オリンピック戦略の立案 ・東京Jプロジェクト，実力把握プロジェクト
パフォーマンスソリューション （Performance Solution）	・我が国の国際競技力向上における諸課題の抽出，解決案及びその実施体制の構築，整備 ・競技団体の強化活動の観察，コミュニケーションを行い，競技団体へのコンサルテーション ・JOC テクニカルフォーラム，強化戦略プランに基づくオリンピック特別支援
連携・ネットワーク （Relation & Networking）	・我が国の国際競技力向上に関わる国内団体及び国際機関との関係構築及びその体制整備 ・NTC 拠点ネットワーク，地域ネットワーク，大学ネットワーク，国際ネットワーク
イノベーション （Innovation）	・我が国の国際競技力向上に関連するイノベーションの企画とその実施体制の構築，整備 ・タレント発掘，育成事業，国際総合競技大会村外サポートセンター構想

③ タレント発掘に関する国や競技団体の取り組み
に関する情報

例：Sporting Giants, Pitch2Podium, Fighting
Chance, Tall and Talented（イギリス）／eTID
（オーストラリア）など

④ 国際大会招致，スポーツ政策に関連する情報

例：2020オリンピック招致，スポーツ基本計画，各
国スポーツ政策など

⑤ アンチドーピングに関する情報

例：ドーピング防止，禁止薬物，ドーピング防止教
育など

これらの研究成果が，我が国のスポーツ政策およ
び意思決定者が発言するコンテンツとして，活用さ
れる。

4．スポーツ情報戦略を学ぶことの意義

スポーツ情報戦略に関する研究や教育活動が大学
のカリキュラムにも浸透し，体育系学部が設置され
ている仙台大学，びわこ成蹊スポーツ大学，筑波大
学そして本学において授業カリキュラムとして導入
されている。また体育系大学以外にも専修大学授業
において開講されており，今後様々な大学や研究機
関に拡大されることが期待される。

ただし，スポーツ情報戦略を学ぶには，なぜ，ス
ポーツをするのかという根本から探り，スポーツ
を「する」，「見る」，「支える」ことによって自分や
周囲の人々に与える影響力を考え，スポーツの真の
価値を求めることが必要である。そして，情報がど
のように活用し，イノベーションを創出する（した
い）のかを想像することである。勝利や最終的な

ゴールの前提には多種，多様な情報があり，そして膨大な時間と労力が費やされ，最終的にその目標が達成されるのである。これは，「情報なくして戦略なし，戦略なくして勝利（達成）なし」という言葉どおりである。ただし，世の中のスポーツの仕組みや動向に関心がなければ情報収集することはできず，それは結果的に不幸なことである。また，スポーツに関わるあらゆる情報を知っているだけでは，オリジナルに満ちた新しいアイディアは生まれてこない。情報をどのように応用し発信するかを学ぶことによって，作り出される something は，人や組織を幸福にする。

将来，社会の組織の一員となる学生にとって情報戦略を学ぶことは，自身の強みとなることを信じたい。

参考文献

小林良樹（2011），インテリジェンスの基礎理論，立花
　　書房．
仙台大学大学院（2011），平成22年度文部科学省委託事業
　　仙台大学スポーツキャリア大学院プログラム．

Question

①最近，世の中で取り上げられているスポーツの情報（話題）を収集し，それがなぜ注目されているのかについて考え，説明せよ。

②自分が携わっているスポーツの強み，弱み，機会，脅威を考え，現在の状況よりもより向上するためには，どうすれば良いのかについて述べよ。

メディアスポーツを学ぶ

龍崎　孝

1. はじめに

　2016年8月、リオデジャネイロで17日間にわたり第31回夏期オリンピックが開催された。日本はこの大会で前回ロンドン大会の38個を上回る史上最多の41個のメダルを獲得した。日本選手の活躍は多くの日本の人々に感動と勇気を与えたことは、大会終了後の10月に東京・銀座で行われたメダリストらによるパレードを見ようと、およそ80万人の人々が沿道を埋め尽くした[1]ことからも明らかだろう。だが、このことは同時にメディアスポーツの視点からきわめて示唆に富んだできごとでもある。ここに参加した大半の人々はリオオリンピックをテレビの中継やニュースで見て、また新聞などを読んで、その結果を享受したものと考えられる。現地に赴き、自分の目で「決定的瞬間」をとらえた人は極々少数にすぎないだろう。そもそも新聞やテレビという媒体＝メディアを通じて取得したスポーツの結果は事実なのだろうか。現在の日本においてマス・メディアが報じる結果がねつ造されることはないだろうが、リオデジャネイロの会場で行われていた膨大な事象全てが放送・記事化されているわけではない。それらの放送や記事とは、放送や印刷・出版の都合＝合理的

《著者紹介》

略　歴
1984年　横浜国立大学教育学部卒業
1984年　毎日新聞社
1995年　東京放送（現ＴＢＳテレビ）
2006年　ＴＢＳテレビ　モスクワ支局長
2012年　ＴＢＳテレビ　政治部長兼解説委員
2016年　横浜市立大学大学院都市社会文化研究科博士後期課程修了
2016年　流通経済大学スポーツ健康科学部教授

主要業績
財界と政界～再編への胎動（1991）アイペックプレス（共著）
小沢一郎の逆襲（1993）サンドケー出版局
首相官邸（2002）文藝春秋社（共著）
議員秘書（2002）ＰＨＰ研究所
三陸彷徨1-34（2011-2017）『調査情報』所収
東日本大震災現地報告・復興いまだ進まず（2012）『月刊文藝春秋』2012年4月号所収
近世三陸における領域と境界1-3（2015-16）『横浜市立大学論叢』66-2, 66-3, 67-1
スポーツの「価値」の創造とメディア（2017）流通経済大学スポーツ健康科学紀要10

担当科目
スポーツと政治
スポーツと情報処理
ジャーナリズム論・演習
スポーツジャーナリズム実習

（1） 日本オリンピック委員会HP. ニュース欄2016年10月7日付より。

（2） 衆院議員. 元東京オリンピック・パラリンピック担当大臣。山形県選出。

（3） 遠藤利明：スポーツのチカラ. 論創社：東京. pp.86-88. 2014.

な理由の中で取捨選択された事実だけが国民に伝えられた，つまり事実の一部にすぎないのである。だが，メディアを介して見たオリンピックの結果を受けて，80万人もの人々の心が揺さぶられ，選手たちと同じ時間を共有するため「銀座へ行こう」と動機づけられたのである。せめてリオで共有できなかった感動を銀座という同じ空間の中で追体験しようと試みたともいえる。そしてこの二重に及ぼされた「感動の共有」はメディアが競技者とオーディエンス＝観衆の橋渡しをし，80万人を動員するきっかけを作ったのである。この橋渡しの作業つまりメディアの作用が，どのように行われているのかを知り，その効果を分析することは、現代のスポーツと社会の関わり方がもたらす影響の大きさを考えると，きわめて重要である。そしてこの問題は，現代社会におけるメディアのあり方を考えることにも通じるのである。

2．現代における私たちとスポーツとの関わり

　スポーツと国民がどのようにかかわるか，その権利を明らかにしたのが2011年に制定されたスポーツ基本法である。同法の条文中では明示的に示されていないが，議員立法である同法の提案者であり，有権解釈する立場にあると位置づけられる遠藤利明[2]によれば，国民とスポーツとの関わりは，「する」，「支える」，「見る」の3つに分類することが可能である。遠藤はこの「見る」の中には競技場に赴くもののほかにメディアが介在して「見る」スポーツも含めている[3]。そして現代においてスポーツは，競技場に行って観戦するだけでなく，様々な形で，

自身の中に情報を取り込むことが可能になった。テレビ放送の中継やニュースばかりでなく，フェイスブックやツィッターという SNS などを通じて競技団体やチームからの情報発信を受け取ることもできる。またサッカーのワールドカップなどのメガイベントの際には，試合会場以外の競技場に設けられた巨大なスクリーンの前で，サポーター同士の一体感を創出しながら試合の展開を見るパブリックビューイングや，スポーツバーなどの飲食店で，仲間同士で楽しみながら観戦することもできるようになった。メディアの深化とともに，「見る」スポーツも多様化しているのである。

　スポーツを「見る」行為に，人々はどのような意味を見出しているのか，そのことは今後のスポーツ自身の発展と責任を考える上で不可欠である。スポーツはなぜ，人々の感動を喚起するのか，そこにはスポーツが持つ高潔性や健全性，正義という価値が，そこに参加する，観客や視聴者も含めた全ての者の共通の価値として保有されているからに他ならない。こうした高潔性や健全性，正義といっ

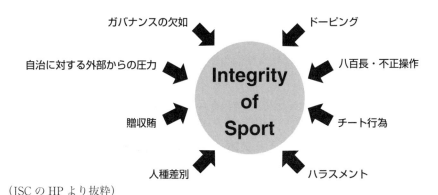

(JSC の HP より抜粋)

図1　スポーツインテグリティを脅かす要因

（4） 日本スポーツ振興センター（JSC）はスポーツにおける「インテグリティ」を「スポーツが様々な脅威に欠けることなく，価値ある高潔な状態」を指す，と定義している。また，一般に「インテグリティ」は高潔さ・品位・完全な状態，を意味する，としている。

（5） 勝田隆（2015）「スポーツインテグリティ」とはなにか．『現代スポーツ評論32』創文企画．pp.42-55。

た価値を「スポーツインテグリティ[4]」（integrity of sport）と呼んでいる。だが現実はどうか。2016年リオデジャネイロオリンピックは，ドーピング問題に揺れた。ロシアが国家ぐるみでドーピングに関与したことが疑惑化し，結果として陸上競技などでロシア選手の出場が認められなかった。また，日本においても活躍を期待されたバドミントンの男子選手が賭博に関わっていたとして，オリンピック代表から外される事態も起きた。こうした不正行為はスポーツの社会的な存在価値を著しく脅かすものでもあり，現実的な危機として，スポーツ界を取り巻いているのもまた事実なのである。

　いまや，「見る」スポーツに参加する観衆＝国民の側にも，この「スポーツインテグリティ」を守っていく自覚が求められている。勝田隆は，スポーツのインテグリティを脅かす要因として，「支える」カテゴリーの中に〈メディア〉を，また「見る」カテゴリーの中で〈観客〉や〈サポーター〉の他に〈視聴者〉を挙げている。そして，「スポーツのインテグリティを脅かす要因の主体者は，アスリートやコーチだけではないことを再認識すべきだ」と指摘している[5]。いったい「見る」スポーツに関わることが，「スポーツインテグリティ」を脅かすどのような行為に「加担する」ことになるのだろうか。そのためにはメディアとの関わりを通じたスポーツの歴史を知ることが必要である。

3．スポーツの歴史とメディア

　スポーツの各競技は，それぞれの国の事情によって様々な普及の在り方があることは，例えばオリン

ピックにおける各競技について国ごとに得意な競技，苦手な競技がわかれることを見ても，理解が出来る。競技人口が多く強化資金が潤沢な大国があらゆる競技種目に秀でているわけではないし，例えば日本の柔道や体操競技のような，各国が得意とするいわゆる「お家芸」と呼ばれる競技があることからも明らかだろう。それに伴ってメディアとスポーツの関係も各国特有の環境の中で様々な関わりを持つことが考えられるが，ここでは身近な日本のケースに着目する。

　日本で行われているスポーツの中で「する」スポーツとしても「見る」スポーツとしてももっとも国民の間に普及し，愛着を得られているのは野球だろう。わが国でラジオ放送が開始されたのは1925年だが，野球の実況中継は1927年に始まった。野球放送は関西では甲子園球場で行われた中学生（当時）を対象とする「全国野球優勝大会（現在の夏の甲子園大会）」，そして関東では1925年に結成された東京六大学野球が中継放送の対象となった。特に東京六大学野球は，当時から人気を誇っていた早慶戦を中核に，人々の圧倒的な支持を得た。ラジオによる早慶戦の中継が人々の注目を集めた理由はその独特な放送内容にあった。当時，中継を専ら担当したアナウンサーは，野球経験が乏しかった。このため，放送では野球の技術的な内容よりも，投手と打者の対決ぶりや白熱する応援団の描写などに描写の主眼を置き，あたかも目の前で見ているような臨場感を創出する語り口に力を入れたのである。当時放送を担当したその松内則三氏の実況は後にレコード化されるなど「松内節」として世に知られることになった。当時の野球専門雑誌は松内氏を「野球を日本全国に

普及発達させた恩人」と記している。

　第二次世界大戦の終了後，野球は再び国民的な娯楽として脚光を浴びることになる。戦争中は「敵性スポーツ」とされながらも，軍隊や国民の間でプレーされていたが，終戦後日本を占領したアメリカによって，米国文化を理解する「手立て」として奨励されたのである。そして野球は新しいメディア，テレビの普及発達によって，プロ野球としてさらなる発展を遂げる。1953年に日本テレビ放送網（以下，日テレとする）によって始まった民間放送（以下，民放とする）はプロ野球の放送を重要なコンテンツとして発展した。特に日テレの親会社の読売新聞は1947年に「東京巨人軍」を買収し，野球中継を日テレの放送の中核に据える戦略を採った。日テレでは連日巨人軍の試合を放送することで野球中継を「番組化」し，視聴者の日常に入り込んだ。その上で「巨人軍の選手こそ一流の選手」というイメージづくりをテレビ上で展開した。こうした戦略の一環として，王貞治，長嶋茂雄というスター選手を生み出したのである。王，長嶋両選手はシーズンオフにも，野球中継ではない娯楽番組に出演することによって，その野球競技における実力とともにスター性が発露された。いわば民放のテレビ放送という新メディアによって野球選手という立場を超越し，「商品化」されたのである。

　プロ野球の発展にとどまらず，現代においてテレビ放送とスポーツ全般の発展が切っても切れない関係になったことは言うまでもない。人々の多くはテレビを見ることによって競技結果やその前後に連なる「ドラマ」を知ることになる。次の表は2016年秋に，筆者が関わった茨城県のスポーツ系学部の大学

生（RKU と表記）と県立高校生（県立高校 A，B と表記。両校の所在地は栃木県と茨城県）に採ったアンケートの結果である。同年夏に印象に残ったスポーツシーンを挙げさせ，その情報をどのような形で取得したかを尋ねた【表1参照】。

　圧倒的に多かったのは「テレビ」からの情報の取得である。回答には生中継で見たケースやニュース番組内で報じられた場合など，番組については様々だが，今ではテレビが情報収集の重要なツールであることは明らかである。ただ「インターネット」による取得もテレビに比べて，その一割ほどの数ではあるが第2位となっている。パソコンという使用場所の制約が残るツールから，誰もが常時携帯するスマートフォンの普及により，SNS は時間場所を選ばないインターネット情報収集のメディアとして今後さらに比重が増すものと考えられる。また，「競技場（現地）」と回答したケースは，オリンピックのようなメガイベントで行われていた競技が対象ではなく，学生もしくは生徒自らが参加した競技大会での，他の競技者の試合が観戦対象になっている。

表1　印象に残った場面をどのように取得したか

印象に残ったシーンをどのように取得したか	全体	RKU	県立高校 A	県立高校 B
	146			
テレビ	127	35	31	61
インターネット	13	5	3	5
競技場（現地）	3	1	2	0
新聞	2	0	0	2
人づてに聞く	1	1	0	0
未回答	2	1	0	1
（複数回答あり）				

（単位は人）

このように，オリンピックやサッカーワールドカップのようなメガイベントの場合，世界中のメディアがこぞって放送し，同時に地球上の多くの人がテレビを媒体に「見る」スポーツに参加する。このことは，スポーツ競技にはコマーシャルという巨大な経済市場を生み出す要素があることを意味し，スポーツ界に莫大な資金をもたらす源泉でもあることを示している。スポーツとメディアの関係は，単に普及や発展に寄与するばかりではなく，商業主義へと結びつくことをおさえておかなければならない。

4. メディアを通して捉える「スポーツと政治」

メディアの発達は，人々により多くの情報をもたらし，人々の意識を変えてきた。まず印刷技術の発達は大量の印刷物の発行を可能にし，出版物の出現は広く市民への啓発につながり，例えば宗教改革をもたらした。また従来に比べて安価な文献資料が発行されることにより学術の発展にも寄与した。なによりこうした印刷物が16，17世紀を通じて大量に発行されたことによって，同じ言語を話す人々を活字によって結びつけ，そのことは宗教や王権を越えた「国民意識」の形成を促した。B. アンダーソン[6]はこうした言葉によってもたらされた人々の意識の結合を，国民という「想像上の共同体」と位置づけた。

メディアによって「国民」が誕生したというアンダーソンの分析は，スポーツの発展にとっても実は重要な指摘である。スポーツが広く人々の間に広まる＝大衆化するためにメディアの発達は不可欠だったのはこれまでの歴史が示すとおりだが，それらは

（6） B.アンダーソン（1936-2015）は『定本 想像の共同体：ナショナリズムの起源と流行』（書籍工房早山，19959）の中で，どのようにナショナリズムや国民が構築されるかを論じた。

同時に「国民国家」を作り上げようという「権力」
の政治意図と作用とも決して無縁ではないからであ
る。つまりスポーツとメディアの関わりを考える時
に，政治との関係を考えることも見落とすことの出
来ない視点なのである。

　スポーツとメディア，そして国家との関わりを考
える上で，不可欠の事例とされるのが1936年ナチス
ドイツの下で行なわれたベルリンオリンピックであ
る。当初オリンピックの開催に消極的だった独裁者
ヒトラーは，1933年に政権を奪取するとオリンピッ
クの開催をドイツの国威発揚の機会と捉え，一転積
極的に関与し始めた。ヒトラーはナチスドイツの力
を内外に示す意図をもってかつてない規模の大会を
挙行した。この大会の公式映像として撮影されたの
が映画『オリンピア』（第一部『民族の祭典』，第二
部『美の祭典』）と題したドキュメンタリー映画であ
る。製作した女性監督，レニ・リーフェンシュター
ル（1902－2003）はそれまでにヒトラーの要請で
1934年のナチス党大会を題材にした『意志の勝利』
などを製作していたこともあり，『オリンピア』はス
ポーツの政治利用にメディアが活用されたもっとも
顕著な例として記憶されることになった。しかし一
方で，リーフェンシュタール監督の撮影技法や表現
手法などがその後のドキュメンタリー映画製作に大
きな影響を与えたことも事実である。

　『オリンピア』に始まったオリンピックの公式映
像記録の製作はその後も引き継がれ，1964年の東京
オリンピックにおいても市川崑総監督による『東京
オリンピック』が製作された。オリンピック準備の
インフラ整備のため東京の街が「破壊」されていく
衝撃的なシーンで始まるこの映画は，オリンピック

選手の人間性の描写に主眼が置かれていた。このため，一方で記録性を損なうことが議論を呼び起こした。当時のオリンピック担当大臣や文部大臣が映画の内容を批判し，「文部省として，この映画を記録映画としては推薦できない」と声明を発表したことから「芸術か記録か」の大論争に発展した。もはやスポーツのメガイベントは政治と無縁ではいられないことが図らずも露呈したのである。

〈２. 現代における私たちとスポーツとの関わり〉でも指摘したとおり，現在国はスポーツ基本法を制定し，日本に繁栄をもたらす政策の一つとしてスポーツ振興を掲げ，「スポーツ立国宣言」という構想を打ち出している。いまでは国がスポーツに関与することを批判的に捉える見方は少ない。だが，政治が過度にスポーツに関わることについては慎重でなければならない。2020年の東京オリンピックパラリンピックを念頭に，スポーツ関連の年度当初予算は年々増大し，今では300億円規模になっている。国民の税金の多くをスポーツ振興と強化に投入する以上，政治は結果を求め，そこからその政治的な効果を判断する。一言でいえば「政権の浮揚」という自らの政治目的に活用する意図も必ず含まれているのである。遠藤利明五輪担当大臣（2015年12月当時）が東京オリンピックでは金メダル30個を目指したい，と発言していることは，オリンピックに向けた予算の増大に対する結果として「金メダル獲得」を期待する「勝利至上主義」が政治の中に内在することをほのめかしている。ただ，国民はスポーツに優れた結果だけを期待しているわけではない。先に紹介したアンケートの中で，もっとも印象に残ったスポーツシーンは何かを問うと，もっとも数が多

● メディアスポーツを学ぶ ●　143

表2　2016年の夏までに印象に残ったスポーツの場面はなにか

印象に残ったシーン	全体	RKU	県立高A	県立高B
（人）146	42	36	68
1　吉田沙保里選手，決勝で敗退	18	6	8	4
2　男子400mリレーで銀メダル	16	5	1	10
3　日ハム・大谷選手の活躍	10	2	0	8
4　体操男子が団体で金メダル	8	0	3	5
4　卓球団体女子が銅メダル	8	3	2	3
6　日本シリーズ，西川選手の満塁弾	7	0	0	7
7　甲子園で作新学院高が優勝	6	0	6	0
8　日本シリーズ　日ハム対広島	5	0	0	5
8　ボルト選手が3連覇	5	2	0	3
8　リオ陸上競技全般	5	0	0	5

　かったのはリオデジャネイロオリンピックで銀メダルを獲得したレスリングの吉田沙保里選手の健闘であり，具体的には涙を浮かべながら「謝罪」するインタビューシーンを挙げる人が最多だった【表2参照】。

　回答者のコメントには「涙で謝罪するほどの責任感の強さに感動した」「周囲からの重圧が涙に結びついたのではないか」など，吉田選手の背負った期待の大きさによる重圧や主将でありながら決勝で敗退した心情を忖度するものがあった(7)。スポーツを「見る」大衆は決して結果だけを重視しているわけではないことを示すひとつの答えと捉えれば，「投資効果」に相応しい結果に期待を寄せる政治の思惑と国民の受け止めの間には乖離が生じる可能性があることを示している。新聞やテレビなどのマス・メディアはその乖離に敏感でなければならず，その較差を指摘しつづけることに存在価値を見いださなければならないのである。

（7）印象に残るスポーツシーンについてのアンケートの結果は，学校の所在地やアンケート対象者がスポーツに特に関心を抱いている学生生徒であることや，例えば所属する課外活動などの属性についても考慮する必要があり，ここではあくまで一つの目安として取り扱い，一般化する意図はない。

5．おわりに

　野球の普及に大きな影響を与えたと評価されたラジオ中継の誕生をひとつの端緒として，日本におけるスポーツとメディアの関わりはすでに90年の歴史を持つ。この分野の研究は主として社会学の知見からなされてきたが，「する」，「支える」，「見る」スポーツ自身の側から捉えたものは十分とはいえず，2020年に向けて今後重要度を増すことは容易に想像できる。さらにスポーツに政治が関与する度合いが高まることをどう考えるか，という従来の問題意識だけでなく，SNSの普及によってマス・メディアを介在しない，スポーツをする・支える側と，見る側との相互発信が可能になり，且つ技術的な進化と広がりを続けていることがもたらす意味も検討しなければならないだろう。

　学校教育を通じて国民一人一人がスポーツに関わり，楽しむことは一般化された。いまでは人々が年齢を重ねながら，「する」スポーツから「支える」「見る」スポーツに比重を移すことによって一生涯，スポーツと関わっていく時代になっている。それはトップアスリートにあっても同じであろう。その中で「支える」「見る」スポーツの核となるメディアとどう向き合うかという問題は，スポーツに関心を持ち，専門に学ぶみなさんにとって，もはや避けて通れない，自ら考えることが求められる課題なのである。

参考文献

黒田勇編（2012），メディアスポーツへの招待，ミネル

ヴァ書房
橋本一夫著（1992），日本スポーツ放送史，大修館書店
吉見俊哉著（2004），メディア文化論，有斐閣
ジム・バリー他著（2008），オリンピックのすべて，大
　　修館書店
デイヴィッド・クレイ・ラージ著（2008），ベルリン・
　　オリンピック1936，白水社

Question

①スポーツの普及・発展にメディアはどのように関わってきたのか，考察し
　なさい。

②政治がスポーツに関わっていくにあたって，メディアはどのような役割を
　果たすと考えますか。

スポーツとコミュニケーションを学ぶ

松田　哲

スポーツにおいてコミュニケーションの必要性や重要性を感じている者は多いに違いない。そもそもスポーツに限らず，社会生活の多くの場面でコミュニケーションは不可欠である。スポーツではチームスポーツであれ，個人スポーツであれ目標や目的がある。目標とは上位大会への出場や入賞など目指すべきゴールや到達点であり，目的は競技スポーツであれば，目標を達成することになり，生涯スポーツであれば健康の維持増進やコミュニティの形成など「何のためにそのスポーツに取り組んでいるのか」という理由である。これらの目標を達成するために選手間だけに限らず，指導者やコーチ，トレーナーやマネージャー，大会主催者やチーム関係者，医療者やマスコミなどの報道陣も含め多くの関係者とコミュニケーションを取っているのである。

1．コミュニケーションの定義

「もっとコミュニケーションを取りなさい！」「コミュニケーション能力を身に着けたい！」など，コミュニケーションという言葉は多くの場面で使われると同時にその意味や内容も広範囲に解釈されている。日本語では「会話」や「対話」と言われてきたものが，Communication という単語を使用するよ

《著者紹介》
略　　歴
1989年　筑波大学大学院教育研究科学校教育コース専攻修了
1989年　水戸短期大学専任講師・助教授を経て
2006年　流通経済大学スポーツ健康科学部助教授
2012年　流通経済大学スポーツ健康科学部教授

主要業績
「プロジェクトアドベンチャーを導入したコミュニケーション能力に関する研究－スポーツコミュニケーションによる自己評価の観点から－」『スポーツ健康科学部紀要第10号』流通経済大学2017

『人間関係を豊かにする心戒十訓～渡辺博史先生のことば～』流通経済大学出版会2015

「コミュニケーションにおける性差についての考察～車のエンジンがかからないのを事例に～」『流通経済大学スポーツ健康科学部紀要第8号』2015

「小学校学習指導要領にみるコミュニケーションの位置づけに関する考察－国語科の「話す」「聞く」の扱い方の変遷から－」『流通経済大学スポーツ健康科学部紀要第6号』2013

「返事の強制と理解の相関に関する実験－スポーツコミュニケーションの試み－」『スポーツ健康科学部紀要第4号』2011

『人間関係とコミュニケーション』流通経済大学出版会2006

担当科目
コミュニケーション論
スポーツ社会学
教育社会学概論
教育実習
教職実践演習

石井　敏　獨協大学名誉教授
　心理学・社会心理学者
岡部朗一　南山大学名誉教授
　コミュニケーション学者
チャールズ・クーリー（Charles
　Horton Cooley, アメリカ）
　心理学的社会学者

カール・ホブランド（Carl Iver
　Hovland, アメリカ）
　ノースウエスタン大学, イェール
　大学　行動変化と説得の専門家

ウィルバー・シュラム（Wilbur Lang
　Schramm, アメリカ）
　コミュニケーション学者

ラリー・A・サモーバー（Larry A.
　Samovar アメリカ）
　異文化コミュニケーション学者

うになってから，その意味内容が拡大されて使用されている。石井（1993）や岡部（1993）によれば，1970年代にすでに120以上の定義が知られていたのである。それではコミュニケーションがどのように定義されてきたのかを幾つか紹介してみたい。

○　Cooley（1909）

「コミュニケーションとは対人関係が成立し発展するためのメカニズムを意味する。それは精神のすべてのシンボルであるとともに，空間を通して伝達し，また時間においてそれを保存する手段でもある。」

○　Hovland（1953）

「コミュニケーションとは送り手としての個人が，受け手としての他者の行動を変容させるために，刺激（通常は言語的シンボル）を伝達する過程である。」

○　Schramm（1954）

「コミュニケーションの語源から，その『意味』は，言葉を媒介にして情報・意思・感情の伝達とそれらが交換される過程である。一方その『機能』は，送り手と受け手との間に，情報・意思・感情の共有性を作り上げていくことである。」

○　Samovar（1981）

「コミュニケーションとは，送り手と受け手の相互通行的，進行的で，また互いに影響を及ぼすプロセスである。ある特定の行動や態度を引き起こすために，送り手が意図的に記号化したメッセージを受

け手にある媒介を通じて送る行為である。そしてコ
ミュニケーションは，受け手がメッセージに意味を
見つけ，それによって影響を受けた時に完了する。」

○　末田清子・福田浩子（2011）

　「コミュニケーションとは，シンボルを創造しそ
のシンボルを介して意味を共有するプロセスであ
る。」

末田清子　青山学院大学教授
　　コミュニケーション学者
福田浩子　茨城大学教授
　　人文コミュニケーション学者

○　石井敏・久米昭元（2013）

　「コミュニケーションとは，人が物理的および社
会文化的環境・コンテキストの影響を受けながら，
他者と言語および非言語的メッセージを授受・交換
することによって，認知的および情意的な意味づけ
をする動的な活動過程である。」

久米昭元　立教大学特任教授
　　異文化コミュニケーション学者

2．スポーツにおけるバーバルコミュニケーションと
　　ノンバーバルコミュニケーション

　コミュニケーションにおいて，ノンバーバル（非
言語）コミュニケーションの伝達割合が多いことは，
1971年にアメリカの心理学者 Albert Mehrabian が
実験によって提唱したものが有名である。いわゆ
る「メラビアンの法則」と言われるもので，コミュ
ニケーションの伝達割合は，言葉が 7 ％，声の特徴
38％，顔の表情55％とされている。つまり伝達割合
の93％がノンバーバルコミュニケーションというこ
とになる。しかしメラビアンが実験の結果として結
論づけたのは，発信者が受信者に対して与える影響
は，それらが矛盾していた場合には，視覚情報＞聴
覚情報＞言語情報の順に優先されるということで

あった。この結果に対してメラビアンの法則だけが独り歩きしている観があるものの，コミュニケーションにおいて，ノンバーバルコミュニケーションが重要であることは間違いない。

スポーツ場面でのコミュニケーションでも，試合前後のミーティングや試合中の選手間の声掛け，監督やコーチなど指導者から選手への指示など，言葉を介したバーバルコミュニケーション（Verbal Communication）。そして，チームスポーツで使われるサインやアイコンタクト，ジェスチャーといった非言語のノンバーバルコミュニケーション（Nonverbal Communication）がある。表1は Mark L. Knapp の非言語コミュニケーション分類に筆者がスポーツ場面を例示したものであるが言語以外で多くの情報があることが分かる。

表1　スポーツ場面におけるノンバーバルコミュニケーション

分　　類	主な内容	スポーツ場面の例
身体動作	身振り，姿勢，表情，視線，瞬目，瞳孔反応など，体の動き	サイン・アイコンタクト・ジェスチャーなど
身体特徴	スタイル，頭髪，皮膚の色，体臭，容貌など	体格・体重・身長・人種・柔軟性・性別・腕や脚の長短など
接触行動	自分や他人の体に触れる行動，スキンシップなど	ハイタッチ・ハグ・スクラム・組手・タックルなど
近言語	発話に伴う形式特徴，音声の音響学的特徴，泣き・笑い，間投詞など	歓声・ホイッスルの音・サイレン・ブーイング・口笛・音楽・リズムなど
プロクセミックス	空間の認知，対人距離，パーソナルスペース，なわばりなど	試合開始時間・競技スペース・選手間の距離など
人工物の使用	化粧，洋服，装飾品など	ユニフォーム・シューズ・関連用具など
環　　境	建築様式，インテリア，照明，標識，温度	歓声・気温・雰囲気・天気・競技場・体育館・道場・照明・映像など

（出典：『コミュニケーション』(1994) より作成）

3．競技スポーツと生涯スポーツにおける
　　コミュニケーション

　スポーツ場面では，その目的や状況によってコミュ
ニケーションスタイルが変化する。例えば競技ス
ポーツであれば，その目的は技術やパフォーマンス
の向上であり，チームの目標は勝つことにある。出
場大会での優勝や入賞，または上位大会への出場が
具体的な目標となる。企業やビジネス業界のよう
に目標がはっきりしている世界では，ホウレンソ
ウ（報告・連絡・相談）に代表されるように，伝え
る内容をシンプルにし，伝え方も伝えたいこと（結
論）を先に伝える言い方が求められる。また話の内
容を補完する説明には，しばしば数値が多用され，
客観的な指標や根拠が求められる。その意味では
競技スポーツも目標が明確化している集団であるこ
とから，上記のようなコミュニケーションスタイル
が一般的である。さらに競技場面では，試合スピー
ドや周囲の歓声などから，単語や短いセンテンスの
言葉，またはジェスチャーやアイコンタクトなどで
コミュニケイトする必要が出てくる。コミュニケー
ションは情報の交換と感情の交換が主たる目的であ
るが，これらの世界（業界）では，情報の交換にウ
エイトが置かれる傾向がある。
　一方，同じスポーツでも老若男女が楽しむことを
目的に取り組む生涯スポーツでは，健康の維持増進
やコミュニティへの所属，個人の記録更新など参加
する個人レベルでの目標があるものの，多くの場合
所属団体やメンバー全員が共有する明確な目標は持
たない。ウォーキングやヨガサークル，スポーツジ

ム，市民体育など幅広い年齢層が参加しスポーツを楽しんでいる。このような生涯スポーツの場では，コミュニケーションは情報の交換よりむしろ感情の交換の方にウエイトがおかれ，コミュニケーションをとること自体が目的化しているのである。スポーツを通して友だちを作ったり，コミュニティを形成しそこに所属意識を持つには，コミュニケーションをとること自体が手段ではなく目的になるのである。

4．スポーツコミュニケーションの展望

　ここではコミュニケーションに関する理論やスキルについて紹介するので，スポーツ場面に当てはめながら，興味のあるものについてはさらに勉強を深めていってもらいたい。

1）コミュニケーションの構成要因

表2　コミュニケーションの構成要因とスポーツ場面における例

構成要因	主な内容	スポーツ場面の例
情報の送り手	（情報を発信する人）話上手・下手，話が長い・短い，声の大小，早口など	監督・コーチ・分析者・トレーナー・マネージャー・キャプテン・プレーヤー・審判・報道陣・主催者・スポンサーなど
メッセージ内容	（情報の内容）仕事の内容，プライベート，訓示，報告・世間話など	戦術・技術指導・士気を高める・称賛・叱責・アドバイス・肯定・否定など
伝えるチャンネル	（情報伝達に使うモノ）口頭（対面）・電話・メール・Line・手紙・写真など	口頭（対面）・電話・メール・Line・手紙・写真など
情報の受け手	（情報を受ける人）理解力の有無，成熟度，性別，年齢，知識の有無など	初心者・ベテラン選手・児童・生徒・学生・受講生・幼児・高齢者・専門性・聞き上手・早とちりなど
関係性・状況	（情報の発信者と受信者との関係）上司－部下，先輩・後輩，夫婦，親子，教師と生徒，会社，家庭など	監督－選手，先輩－後輩，レギュラー選手－控え選手，試合前・後のミーティング，練習時の振り返り，個人対話など

（出典：『コミュニケーション』（1994）より作成）

2）Coaching と Teaching のコミュニケーション

コミュニケーション領域におけるコーチング（Coaching）は，質問等のコミュニケーションスキルを活用して，相手の思いや考えを引き出すことが特徴であり，自己決定を促すことを目的にしている。ティーチング（Teaching）は教える側が持つ技術や方法，考え方，価値観などを習い手側に伝達することである。

3）積極的傾聴と共感的理解

聴き方には，受動的な聴き方と能動的な聴き方がある。前者は「うなずき」や「あいづち」をしながら聴く聴き方であり，後者は極的傾聴とも呼ばれ，「うなずき」や「あいづち」に加え相手の話したことを繰り返しながら話を聴く技法である。この繰り返しの技法は肯定的な雰囲気を作ることや話し手に聴いてもらえている感じを持たせる効果がある。共感的理解は，話し手の気持ちや感情を聴き手が推し量る技法である。

4）I メッセージと You メッセージ

I メッセージとは，主語が「私は」とか「ボクは」で始まるメッセージであり，You メッセージは，主語が「あなた」や「お前」で始まるメッセージのことを言う。スポーツ場面では You メッセージ多用されることが多くなっている。

5）Interpersonal communication と Intrapersonal communication

パーソナル・コミュニケーションには，他者との

コミュニケーションと，自分自身とのコミュニケーションがある。前者をインターパーソナルコミュニケーション（Interpersonal communication）と言い，後者をイントラパーソナルコミュニケーション（Intrapersonal communication）と言い，内省や省察又は自問自答のことを指す。

6）男女によるコミュニケーションスタイル差異

　言語学者であるD.タネンは男性のする話では「序列」つまり互いの優位性をめぐる競争が重視される傾向があり，女性の話は，「つながり」お互いの親密さや距離が重視される傾向にあることを明らかにしている。

7）うなずきとあいづち（ペーシング）

　頷き（すなずき）は，首を縦に振ることであり，肯定・了承・理解・話を聴いているというメッセージを話し手に伝える行為であり，相槌（あいづち）は，相手とのペースを合わせるペーシングのことを言う。

8）オノマトペ（Onomatopoeias）

　オノマトペとは，古代ギリシャ語起源でフランス語のonomatopéeからきており，擬音語・擬態語の類を総称して呼ぶことが多い。スポーツの場面では，オノマトペによる表現が使用されるケースが多く，特に指導者の指導法やメッセージに多用される表現方法である。

9）ペップトーク（Pep Talk）

　ペップトークとは，やる気にさせる訓話のことで

あり，スポーツ場面において監督や指導者が競技前に選手を励まそうとして行う「短い激励のメッセージ」を指す。

10）プロジェクトアドベンチャー（PA）

PA のプログラムはイニシィアティブ，ローエレメント，ハイエレメントのステージに分かれる冒険活動においてチームの目標を達成していくものである。PA による対人関係や社会的人間関係等の育成，またコミュニケーションに対する研究成果は各方面から報告されている。

参考文献
浦川真人，大橋理枝（2015），『日本語とコミュニケーション』放送大学教育振興会
Marjorie F.Varras（2015），石丸正訳『非言語コミュニケーション』新潮選書
宮城まり子（1994），『コミュニケーション』産能短期大学
本間正人・松瀬理保（2006），『コーチング入門』日本経済新聞出版社
D. タネン（1992），田丸美寿々訳『分かり合えない理由』講談社
岩崎由純（2014），『心に響くコミュニケーション　ペップトーク』中央経済社

Question

①コミュニケーションは言語を介したバーバルコミュニケーションと言語以外によるノンバーバルコミュニケーションに分類できるが，スポーツ場面においてそれぞれの特徴について述べなさい。

②コミュニケーションにおけるコーチング（Coaching）とティーチング（Teaching）の違いについて述べなさい。

索　引

欧　文

Intervention ················ 16, 18, 22
Postvention ················ 16, 19, 22
Prevention ············· 15, 16, 17, 22

日本語

アスレティックトレーナー···15, 18, 19,
　51, 52, 53, 55, 56
アスレティックトレーニング··· 51, 55
一次救命処置················ 42, 47
一般教授学的視点····················· 94
異文化理解·························· 86
イミント····························· 126
運動生理学··········· 16, 24, 31, 55, 68
オシント····················· 125, 126
「オリンピア」····················· 141
介護負担···························· 36
介護予防························· 19, 24
外傷・障害····················52-56
学習指導要領·············· 46, 98-99
学習論····························· 93
画像解析法····················· 57, 59
体づくり··············· 67-68, 70-71
加齢···············15, 17, 27, 29, 71-72
関節トルク················ 59, 61, 63
技術の熟達者····················· 94
技能·····················6, 11, 98-101

教育学的アプローチ·················· 91
教育的場面····················92-94
教材づくり·················100-102
教授論····························· 93
行政組織························· 113
健康···13-14, 16, 21, 24-25, 27, 31-32, 56,
　67-70, 72-73, 76, 100, 103, 115, 147,
　151
健康運動指導士·················38-39
健康教育学················· iii, 33, 39-40
健康スポーツ··· 14, 16, 18-21, 23-25, 31,
　113
健康の三原則····················· 68
高齢者··· 19, 21, 24, 29-31, 36, 39, 70, 72,
　110-111, 152
コーチング··· iii, 1-6, 8-11, 65, 153, 155
国民健康づくり対策·················37-38
五大栄養素························· 71
コンディショニング··· 15, 18, 51-53, 68,
　127, 130
コンピュータ・シミュレーション···57,
　62-63
サプリメント··· 18-19, 30, 67, 71-72, 77
資源···85, 112, 116-119
思考・判断························· 99-100
実践的知識·····················94-95
自動体外式除細動器（AED）········ 42
指導内容··········2, 97, 99, 102-103
社会的ジレンマ····················· 94
熟達·························94-95

少子化……………………………… 36, 39
身体活動……………26, 37, 51, 69-71, 92
身体技法………………………………… 79
スポーツインテグリティ………135-136
スポーツオペレーション………… 117
スポーツ基本法…108-110, 112, 134, 142
スポーツ教育学……………… iii, 91-94
スポーツサービス……………116-118
スポーツ情報戦略……123-124, 129, 131
スポーツ振興基本計画…………108-110
スポーツ振興法……………107-110
スポーツ人類学………… 4, 79-86, 88-89
スポーツ生理学………4, 24-27, 31, 91
スポーツバイオメカニクス…4, 57-58, 63-65
スポーツビジネス……………… 117
スポーツマーケティング………… 117
生活習慣病…14-15, 19, 24, 26, 36-39, 42, 69-70, 122
政策…5, 21, 105-107, 109-114, 124, 127, 130-131, 142
態度…5-6, 99-100, 148
知識…iv, 4-5, 15, 19, 39, 52-53, 55-56, 60-62, 64-65, 68-69, 72, 94-95, 98-101, 152

伝統スポーツ……………………83-84
内容的知識………………………… 94
脳振盪…………………………… 21
バイオメカニクス… 4, 55, 57-58, 63-65
バイスタンダー……………… 43, 47, 49
反省的実践家……………………… 94
ヒポクラテス…………………13-15
ヒュミント………………………… 126
フィールドワーク（Field Work）…80-82
文化人類学…………… 79-81, 83-84, 89
方法的視点……………… 94, 101
松内節………………………… 137
マネジメント…5, 100-101, 106, 115-118, 120-122, 124
マネジメントプロセス…………118-119
民族誌（Ethnography）…………… 88
民族（民俗）スポーツ……………83-84
メタ・コーチング………………8-9
よい体育授業………………100-101
リコンディショニング……………52-53
レニ・リーフェンシュタール…… 141
ロコモティブ・シンドローム… 15, 17

スポーツの世界を学ぶ
―スポーツ健康科学入門―
〈増補・改訂版〉

発行日　2017年4月5日　初版発行

著　者　「スポーツの世界を学ぶ」編集委員会

発行者　野　尻　俊　明

発行所　流通経済大学出版会
　　　　〒301-8555　茨城県龍ヶ崎市120
　　　　電話　0297-60-1167　FAX　0297-60-1165

ⓒ 2017 Editorial committee of "Learn the World of Sports"

Printed in Japan/ アベル社

ISBN978-4-947553-74-4 C3075 ¥1400E